# Las Clásicas

## Recetas Originales
## de la Cocina Española

## LOS MUNDOS SUTILES
## DE LA TAPA

La tapa es hija de dos divinidades: el vino y la comida formal; pero no ha heredado ni la historia de uno ni la solemnidad de la otra. En cambio ha definido su propia personalidad, relacionada, sobre todo, con la exquisitez de lo pequeño, la vivacidad de las cosas breves y la seducción de lo impreciso. Como todo lo brillante y pequeño, aparece, casi por generación espontánea, sin dejar rastro de su historia. Cualquier teórico de gastronomía cuenta su descubrimiento personal sobre el origen de las tapas. Hasta las enciclopedias ofrecen su particular interpretación. Unos aseguran que las tapas derivan de las pequeñas cantidades de queso o embutidos con las que los venteros tapaban las copas de vino para protegerlas de la inmersión de moscas y mosquitos. Aseguran otros que las tapas nacieron a las puertas de las ventas para suavizar las bocas y gargantas de viajeros que no querían interrumpir su viaje, ni si quiera el tiempo imprescindible para bajar del caballo o del carruaje y aliviar la sequedad de su organismo con un trago de vino y un tentempié, porque no podían interrumpir su caminata o cabalgada. Nadie ha podido documentar estos orígenes históricos, ni siquiera sus inventores se han tomado en serio sus propias historias. Nadie sabe, ni posiblemente sabrá nunca, cómo nació la tapa, porque los orígenes y las historias documentadas les van a las cosas importantes, pero la tapa se mueve siempre en el mundo de lo pequeño. Lo único que si parece ser cierto es que la tapa nació en Andalucía.

Lo pequeño, las cantidades módicas, son el único rasgo indispensable para definir la tapa: *"Pequeña porción de algunos alimentos que se sirve como acompañamiento de una bebida en bares, tabernas, etc."* dice el prestigioso diccionario de la Real Academia Española de la Lengua. La inconsistencia de su pequeñez y su propia naturaleza de acompañamiento le quitan relevancia y entidad propia, pero la sitúan en los mundos sutiles, llenos de ligereza, sugerencias, relaciones, gracia y despreocupación, que ocupa un espacio tan ancho en el mundo de la exquisitez. Precisamente, por sus cantidades reducidas, la tapa ha de ser perfecta o acercarse mucho a la perfección. Buena ha de ser su materia prima, exigente su preparación, exacto el punto al servirla, pulcra y sencilla su presentación.

La tapa, desde su nacimiento, se hizo viajera, se encarnó en cada fogón y nació distinta en cada mesón, en cada taberna o en cada hogar. Como las buenas canciones, las tapas pasan de una región a otra con naturalidad, pero, aunque tengan el mismo origen, nunca saben lo mismo en un pueblo que en otro, si es que el mesonero o el ama de casa recrean cada día su oficio y afición. Esta encarnación hace que toda variedad de la cocina se concrete en la pluralidad de las tapas. En cada una de ellas aparece la creatividad, buen oficio, ingenio y afán de cada pueblo.

Quien "tapea" esporádicamente lo suele hacer con cierta euforia, porque a la gracia de esta menudencia se le añade la de una buena compañía. Pero a la informalidad de la tapa, lo que mejor le sienta es su "puntita" de rito, convertirse en una costumbre arraigada, de horas fijas y tiempos breves antes de la comida formal. Beber y "tapear" con los familiares o con los amigos, es un regocijo y, sobre todo, es uno de los mejores hábitos que jalonan de alegría la vida rutinaria. "Tapean" quienes entienden la vida, y esta coincidencia sí que tiene sentido.

Casi todas las ciudades antiguas demuestran la sabiduría de su historia y han ido creando "barrios de tapas", que manifiestan una alegría común de vivir. Estos barrios compiten en número de visitantes con los barrios históricos, llenos de arte y turistas documentados. Quizá la aparente contradicción de uno y otro barrio no son más que dos aspectos interesantes de la vida y conocerlos por igual es acercarse adecuadamente a una ciudad. Muchos de nosotros, de vuelta a nuestras casas, recordaremos con parecida fruición la perspectiva y monumentos de una plaza renacentista, y el punto y sabor de unas tapas. El ambiente de los adictos a la tapa es una de las conquistas modernas, y es por lo que, cada vez más, las guías turísticas prestan una cuidada atención a estas zonas.

La seducción de la tapa no es meramente social; cualquiera la ha sentido en el bar o en la taberna y pretende incorporarla a la intimidad de su hogar. Igual que una comida formal nos apetece, también "pizcar" en casa, con la familia o con unos amigos, tiene su encanto, porque, de alguna manera, nos convierte en protagonistas de una actividad social e íntima.

No hace falta ser cocinero de oficio para preparar unas tapas con exquisitez, variedad e ingenio, y presentarlas en su momento justo. Si además esos platos se preparan con facilidad, "comer de tapas" es algo definitivo.

La redacción de las recetas de tapas de este libro ha tenido presentes a la mujer y al hombre de ahora, cada vez más interesados en acrecentar la personalidad de su casa.

La diversidad de tapas de este libro expresa toda la variedad de la geografía española y, tal vez, por esta amplitud y experiencia, sea adecuada para que, total o parcialmente, se instale en muchos hogares.

*Rafael de Haro*

# ALCACHOFAS CON JAMÓN

## Ingredientes

- 6 alcachofas
- 200 gr de jamón serrano
- 1 cebolla
- 1 huevo cocido
- 1 lata de guisantes
- 1 limón
- Aceite de oliva
- Sal

## Elaboración

Cortar y desechar los tallos y las hojas más duras de la parte exterior de las alcachofas. Poner a hervir en un cazo abundante agua con sal y el zumo de un limón, para evitar que ennegrezcan. Echar las alcachofas cuando rompa a hervir y dejar cocer hasta que estén tiernas y se puedan atravesar fácilmente con una aguja. El tiempo aproximado de cocción es de media hora. Sacarlas y reservarlas.

En una sartén, con aceite no muy caliente, rehogar una cebolla picada y, cuando comience a dorar, incorporar el jamón serrano cortado en taquitos. Tras saltearlo, añadir las alcachofas y los guisantes. Agregar un poco del agua de los guisantes y dejar hervir un par de minutos.

Servir recién hechas, adornadas con rodajas de huevo cocido.

# ALCACHOFAS RELLENAS DE CARNE

## Ingredientes

- 6 alcachofas
- 1 limón
- 1 cebolla grande
- 3 tomates
- 300 gr de carne de ternera, picada
- 2 dientes de ajo
- Perejil
- 1 huevo
- 3 lonchas de queso de nata
- Aceite de oliva
- Sal

## Elaboración

Quitar y desechar los tallos y las hojas duras a las alcachofas y ahuecarlas formando cazuelitas. Darle un pequeño corte en el fondo para que se sostengan derechas. Cocerlas en abundante agua hirviendo con sal y zumo de limón, para que no oscurezcan. Dejar cocer durante media hora aproximadamente, hasta que estén tiernas. Escurrirlas y reservarlas.

En una sartén, con aceite no muy caliente, freír una cebolla picada y, cuando comience a dorar, añadir los tomates pelados y troceados. Rehogar y dejar cocer a fuego lento durante 10 minutos. Sazonar y pasar por el pasapurés.

Cubrir el fondo de una fuente refractaria con la mitad de la salsa y colocar encima las alcachofas.

Por otro lado, adobar la carne con sal, ajo y perejil machacados en el mortero y, después, rehogarla en una sartén con un poco de aceite. Cuando la carne esté bien hecha, mezclarla con un huevo batido y con el resto de la salsa de tomate.

Rellenar con este preparado las alcachofas y cubrirlas con media loncha de queso. Introducir en el horno y gratinar hasta que el queso quede fundido.

Servir recién hechas.

# ASADILLO DE PIMIENTOS

## Ingredientes

- 4 pimientos rojos (morrones)
- 2 tomates
- 3 dientes de ajo
- Aceite de oliva
- Sal
- Vinagre

## Elaboración

En el horno, a temperatura media-alta, asar los pimientos, los tomates y los dientes de ajo, todo en la misma bandeja y untados con aceite. Pasados unos 20 minutos, tras comprobar que todo está asado, separar los pimientos y colocarlos en una fuente honda, cubrirlos con un paño para que suden y se puedan pelar más fácilmente. Pasados unos minutos, pelarlos, quitándoles toda la semilla, y cortarlos en tiras.

Por otro lado, pelar los tomates y junto con el ajo y un poco de sal, triturarlos con la batidora; pasar esto a una salsera y añadir el jugo que quedó en la bandeja, junto con cinco cucharadas de aceite y un chorrito de vinagre. Finalmente verter sobre los pimientos.

Servir a temperatura ambiente.

# BERENJENAS CON QUESO

## Ingredientes

- 2 berenjenas
- Harina
- 200 gr de queso de nata
- 2 huevos
- Leche
- Nuez moscada
- Aceite de oliva
- Sal

## Elaboración

Pelar y cortar las berenjenas en rodajas de un centímetro de grosor. Salarlas y dejarlas durante media hora para que suelten su agua. Pasado ese tiempo secarlas con un paño. Rebozarlas en harina y, en una sartén con aceite muy caliente, freírlas hasta que estén doradas.

En una fuente refractaria colocar una capa de berenjenas, encima una de queso y sobre ésta otra de berenjenas.

Batir los huevos y añadir un chorrito de leche y una pizca de nuez moscada; verter esto sobre las berenjenas e introducir la fuente en el horno, precalentado a temperatura media, hasta que los huevos estén cuajados.

Servir caliente.

# BERENJENAS GRATINADAS

## Ingredientes

- 2 berenjenas
- 150 gr de jamón serrano
- 150 gr de queso de nata
- Salsa de tomate
- Orégano
- Aceite de oliva
- Sal

## Elaboración

Lavar las berenjenas y, sin pelar, cortarlas a lo largo en lonchas gruesas. Salarlas y dejarlas durante media hora para que suelten su agua. Pasado ese tiempo, secarlas con un paño. En una sartén, con un poco de aceite, freírlas, por ambos lados, hasta que estén tiernas.

Colocarlas en una bandeja de horno, poniendo encima de cada loncha de berenjena un poco de salsa de tomate, una loncha de jamón serrano y finalmente otra de queso. Espolvorear con orégano y gratinar en el horno hasta que el queso se derrita.

Servir muy calientes.

# BROCHETAS DE VERDURAS

## Ingredientes

- 150 gr de champiñones
- 1 berenjena
- 1 calabacín
- 1 pimiento rojo
- 12 tomates pequeños (tipo cereza)
- Aceite de oliva
- Vinagre
- Pimienta
- Albahaca
- Sal

## Elaboración

Lavar y cortar el calabacín y la berenjena en daditos de unos tres centímetros de lado. Limpiar los champiñones con un paño húmedo y cortarlos a la mitad, o en cuatro partes si son muy grandes.

Picar el pimiento en cuadraditos de tamaño similar al calabacín y la berenjena. Lavar y secar los tomatitos.

Insertar las verduras en un pincho, alternando los ingredientes e intercalando un trozo de pimiento entre cada uno de ellos.

Sazonar y espolvorear con pimienta recién molida y con albahaca. Rociar los pinchos con aceite y unas gotas de vinagre.

Asarlos en el horno, previamente calentado a temperatura media, o en la parrilla, durante quince minutos.

Servir calientes.

# CALABACINES RELLENOS

## Ingredientes

- 3 calabacines
- 500 gr de carne de cerdo (picada)
- 1 cebolla
- 2 dientes de ajo
- 1 manojo de ajetes
- 200 gr de setas
- 2 zanahorias
- 4 huevos
- 1 lata de foie-gras
- Bechamel
- Queso rallado
- Aceite de oliva
- Sal

## Elaboración

Cortar los calabacines a lo largo y si éstos son muy grandes cortarlos también transversalmente. Vaciarlos sacando la pulpa y reservar ésta.

En un recipiente, con agua hirviendo y sal, cocer los calabacines durante cinco minutos. Una vez cocidos se escurren bien. Reservarlos.

Adobar la carne picada con ajos machacados en el mortero y dejar macerar durante una hora. Mientras tanto, en una sartén, con un poco de aceite, rehogar la cebolla, los ajetes y la zanahoria, todo picado muy fino.

Cuando las verduras estén tiernas, añadir la carne picada, con un poco de sal, y tras rehogarla brevemente, incorporar las setas troceadas. Pasados unos minutos echar la pulpa de los calabacines y dejar que se haga a fuego lento durante diez minutos. Añadir entonces una lata de foie-gras y los huevos batidos, mezclando bien todos los ingredientes.

Rellenar los calabacines con este preparado y colocarlos en una fuente refractaria. Hacer una bechamel y cubrir con ella cada calabacín. Espolvorear con queso rallado y finalmente gratinar en el horno.

Servir caliente.

# CEBOLLAS RELLENAS

## Ingredientes

- 8 cebollas medianas
- 2 latas de bonito al natural
- 1 lata de pimiento morrón
- 1 huevo cocido
- Salsa de tomate
- Vino blanco
- Perejil
- Ajo
- Aceite de oliva
- Sal

## Elaboración

Para preparar el relleno: desmenuzar el bonito, añadiéndole un huevo cocido picado menudo, pimiento morrón también picado y con parte de su jugo, y dos cucharadas de salsa de tomate. Mezclar todos los ingredientes.

Pelar las cebollas y ahuecarlas con un vaciador, dejando las paredes muy finas, pero sin romper la capa exterior. Rellenarlas con el preparado, tapando el agujero con la primera bola que se sacó de cada una.

En una sartén, con aceite caliente, freír las cebollas salpicándolas con ayuda de una espumadera, hasta que queden doradas. Colocarlas en una cazuela y reservar.

Para la salsa: en una sartén con aceite, freír la cebolla sobrante del ahuecado, picada. Cuando comience a dorar añadir dos dientes de ajo y una rama de perejil, machacados en el mortero y desleídos en medio vaso de vino blanco. Agregar un poco de salsa de tomate. Dar un hervor y verter sobre las cebollas. Sazonar y dejar cocer a fuego lento durante hora y cuarto.

Servir con la salsa pasada por el chino o el pasapurés.

# CHAMPIÑONES CON JAMÓN

## Ingredientes

- 350 gr de champiñones
- 100 gr de jamón
- 1 cebolla
- 1 pimiento verde, pequeño
- 2 dientes de ajo
- 1 tomate
- Aceite de oliva
- Sal
- Perejil
- Guindilla

## Elaboración

Limpiar los champiñones, si no están demasiado sucios basta frotarlos con un paño húmedo. Cortarlos en láminas.

Picar finamente la cebolla, el ajo y el pimiento, y sofreír en un poco de aceite; cuando tomen color añadir el perejil picado y el tomate pelado y picado, y dejar hacerse durante cinco minutos más; transcurridos éstos, agregar el jamón cortado en taquitos, junto con un poco de guindilla (al gusto); sofreír ligeramente y añadir entonces los champiñones. Rehogar todo junto unos minutos, hasta que los champiñones enternezcan un poco; en caso necesario rectificar de sal (teniendo en cuenta la sal que aporta el jamón).

Dejar reposar unos minutos y servir todavía calientes.

# CHAMPIÑONES RELLENOS

## Ingredientes

- 16 champiñones grandes
- 2 cebollas
- 1 pimiento rojo pequeño
- Perejil
- 3 dientes de ajo
- 250 gr de chorizo
- Pimienta negra
- Aceite de oliva
- Sal

## Elaboración

Para limpiar los champiñones, si no están demasiado sucios, lo mejor es frotarlos con un paño, pero si tienen mucha tierra es preferible lavarlos con agua, secándolos rápidamente. Arrancar los tallos a los champiñones y picarlos muy menudos. Reservar los sombreros.

Picar la cebolla y el pimiento en trocitos pequeños y, en una sartén con aceite, rehogar en primer lugar la cebolla, para después añadir el pimiento. Cuando doren, incorporar los tallos de los champiñones y dejar cocer hasta que gran parte del líquido que sueltan se haya evaporado.

Quitar la piel del chorizo y partirlo en trocitos. Mezclar la carne de éste con las verduras y champiñones. Echar también a la sartén los ajos machacados en el mortero. Freír a fuego lento durante ocho minutos.

Mientras tanto, lavar el perejil y picarlo finamente. Sazonar la mezcla del chorizo con sal y pimienta, teniendo en cuenta que el chorizo ya está salado. Echar el perejil picado y remover.

Por último rellenar cada sombrero de champiñón con un poco de esta mezcla, colocándolos en una fuente refractaria. Introducirlos en el horno precalentado y dejarlos hasta que los champiñones comiencen a dorarse.

Servir muy calientes.

# EMPAREDADOS DE CALABACÍN

## Ingredientes

- 2 calabacines grandes
- 150 gr de jamón cocido
- 150 gr de queso de nata
- 3 tomates
- 2 huevos
- Harina
- Pan rallado
- Aceite de oliva
- Sal

## Elaboración

Lavar los calabacines y secarlos. Cortarlos en rodajas de ½ cm. aproximadamente. Espolvorearlos con sal y dejarlos escurrir en un colador, para que pierdan parte del agua que contienen.

Mientras tanto, cortar el queso y el jamón en lonchas circulares del mismo tamaño que las rodajas de calabacín (usando la boca de un vaso o de una copa). Cortar también los tomates en rodajas muy finas.

Los calabacines, después de escurridos, secarlos con un paño o papel absorbente de cocina. Coger una rodaja de calabacín y sobre ella colocar una loncha de queso, una de jamón y otra de tomate, y tapar finalmente con otra de calabacín, formando de este modo los emparedados. A continuación pasarlos por harina, luego por huevo batido y por último por pan rallado.

En una sartén, con aceite caliente, freírlos hasta que estén dorados.

Servir recién hechos.

Pueden acompañarse con una salsa rubia muy ligera, servida aparte.

# ENDIBIAS AL QUESO DE CABRALES

## Ingredientes

- 3 endibias
- 150 gr de queso de Cabrales (también puede ser queso azul)
- Leche
- Nata líquida
- 1 limón
- Pimienta molida
- Sal

## Elaboración

Desechar las hojas exteriores de las endibias, lavarlas bajo el chorro de agua y secarlas con un paño, sin que se rompan.

En una sartén, puesta al fuego, deshacer el queso de Cabrales en media taza pequeña de nata líquida y otro tanto de leche. Rectificar de sal. Añadir también el zumo de medio limón y remover bien hasta obtener una crema ligera. Pasar por el chino y dejar enfriar.

Disponer las endibias sobre un plato y, en el momento de servir, verter sobre ellas la salsa caliente. Espolvorear con pimienta recién molida.

# ESPÁRRAGOS RELLENOS DE SALMÓN

## Ingredientes

- 6 espárragos blancos (gruesos)
- 150 gr de salmón ahumado
- 1 huevo
- Harina
- Aceite de oliva
- Sal

## Elaboración

Pelar los espárragos desde la yema hasta abajo. Calentar en una cazuela abundante agua con sal, y cuando hierva, introducir los espárragos y dejarlos cocer durante unos 35 minutos. Comprobar con una aguja si están tiernos. Sacarlos del agua y dejarlos escurrir sobre un paño. También se pueden utilizar espárragos en conserva.

Abrir los espárragos de arriba abajo, como si fueran un bocadillo. Rellenarlos con el salmón cortado en tiras y a continuación rebozarlos primero en harina y después en huevo batido. Freírlos en una sartén con aceite bien caliente.

Servir recién hechos. Se pueden acompañar con lechuga troceada en juliana y trozos de tomate natural.

# ESPÁRRAGOS VERDES CON JAMÓN

## Ingredientes

- 10 espárragos verdes
- 3 lonchas de jamón cocido
- Mantequilla
- Harina
- Leche
- Queso rallado
- Sal

## Elaboración

Desechar las partes duras de los espárragos y ponerlos a cocer en agua hirviendo con sal, durante 10 o 12 minutos (según grosor). Pasado ese tiempo comprobar con una aguja que estén tiernos. Una vez cocidos sacarlos del agua y dejar que escurran.

Envolver cada espárrago con jamón cocido, dejando fuera las puntas de los espárragos. Colocarlos sobre una fuente de horno.

A continuación preparar esta bechamel: en un cazo derretir una cucharada de mantequilla, agregar entonces una cucharada de harina y remover añadiendo leche poco a poco. Sazonar y dejar cocer durante 5 minutos. Verter la bechamel sobre los espárragos, dejando descubiertas las puntas. Espolvorear con queso rallado y gratinar en el horno.

Servir recién hechos.

# MOUSSE DE ESPÁRRAGOS

## Elaboración

### Ingredientes

- 1 lata de espárragos blancos
- 1 cebolla
- ¼ l de nata liquida
- 4 huevos
- Mantequilla
- Pimienta
- Sal

Picar la cebolla y rehogarla en una sartén, con una cucharada de mantequilla. Cuando la cebolla esté transparente, añadir los espárragos con parte de su jugo. Dejar hervir durante dos minutos y después triturar todo con la batidora.

En un recipiente hondo, batir los huevos y agregar la nata líquida. Salpimentar y a continuación añadir los espárragos batidos, mezclando todo muy bien y finalmente verter a un molde de pudin.

Poner el molde al "Baño María" hasta que esté cuajado.

Desmoldar una vez frío.

Servir frío, acompañado con mayonesa.

# PATATAS ALIOLI

## Ingredientes

- 500 gr de patatas
- 1 huevo
- 1 limón
- 3 dientes de ajo
- Aceite de oliva
- Perejil
- Sal

## Elaboración

Pelar, lavar y trocear las patatas. Cocerlas en un cazo con agua y sal hasta que estén tiernas y se puedan atravesar fácilmente con un pincho. Cuando estén cocidas, sacarlas, escurridas, a una fuente.

Mientras tanto preparar el alioli. Para ello, hacer una mayonesa con un huevo, aceite, zumo de medio limón, sal y dos cucharadas de agua templada (el agua es para que la mayonesa quede un poco más líquida).

Aparte machacar en el mortero tres dientes de ajo, una vez hechos puré, añadir a la mayonesa poco a poco, mezclándolo bien.

Verter el alioli sobre las patatas y espolvorear con perejil picado.

Servir frías.

# PATATAS BRAVAS

## Ingredientes

- 500 gr de patatas
- 3 tomates
- Tabasco
- Aceite de oliva
- Sal

## Elaboración

Lavar las patatas y ponerlas a cocer, con piel, en abundante agua con sal. Una vez cocidas, escurrirlas, pelarlas y trocearlas en cuadraditos, de similar tamaño.

En una sartén, con aceite muy caliente, freír las patatas cocidas hasta que empiecen a tomar color dorado, momento en que se sacarán a una fuente.

Mientras tanto freír los tomates, troceados, en una sartén pequeña con dos cucharadas de aceite. Pasar esta salsa de tomate por el pasapurés y mezclarla con una cucharadita de tabasco (la cantidad de tabasco dependerá de lo picantes que se deseen tomar).

Cubrir las patatas con esta salsa de tomate.

Se pueden servir calientes o frías.

# PATATAS DE LA TÍA CARMEN

## Ingredientes

- 750 gr de patatas
- 3 dientes de ajo
- 100 gr de jamón serrano
- Mantequilla
- Harina
- Leche
- Queso rallado
- Aceite de oliva
- Sal

## Elaboración

Pelar las patatas y aclararlas con agua. Cortarlas en rodajas, no demasiado gruesas, sazonarlas y freírlas en una sartén con abundante aceite caliente. Cuando estén medio hechas añadir los ajos picados en láminas y dejar freír hasta que las patatas estén doradas. Sacarla a una fuente refractaria.

En la misma sartén, con muy poco aceite, saltear el jamón cortado en tiritas y colocarlo encima de las patatas.

Por otro lado preparar esta bechamel: en un cazo, al fuego, derretir 2 cucharadas de mantequilla y, cuando esté fundida, añadir 4 cucharadas de harina. Remover bien y echar leche, poco a poco, sin parar de dar vueltas, dejando cocer durante 5 minutos. Sazonar y verter sobre las patatas. Espolvorear con queso rallado e introducir en el horno a gratinar hasta que el queso esté dorado.

Servir recién hechas.

# PATATAS RELLENAS

## Ingredientes

- 8 patatas medianas
- 50 gr de jamón serrano (picado)
- 150 gr de carne de ternera (picada)
- 100 gr de setas
- 2 cebollas
- 1 diente de ajo
- Perejil
- Azafrán
- Pimienta blanca
- Caldo de carne
- Vino blanco
- Aceite de oliva
- Sal

## Elaboración

Pelar y lavar las patatas. Con ayuda de un ahuecador, vaciar las patatas dejando las paredes finas, pero sin romperlas.

En una sartén, con un poco de aceite, freír una cebolla finamente picada. Cuando empiece a dorar añadir las setas limpias y troceadas. Dejar cocer hasta que se haya evaporado el agua que sueltan las setas. Incorporar entonces el jamón, la carne picada y el perejil picado. Salpimentar y dejar cocer durante cinco minutos.

Rellenar las patatas con este preparado.

En una sartén, con abundante aceite caliente, rehogar las patatas hasta dejarlas doradas por todos los lados. Pasarlas a una cazuela. Freír también ligeramente, parte de los trozos de patata extraídos al ahuecarlas y cubrir con ellos el fondo de la cazuela. Con parte del aceite usado para freírlas, previamente colado, preparar una salsa: rehogar otra cebolla, finamente picada, y añadir el ajo y el perejil machacados en el mortero y desleídos con una copa de vino blanco. Cuando rompa a hervir, incorporar un vaso de caldo y el azafrán tostado. Pasar esta salsa a la cazuela de las patatas y dejar cocer, a fuego lento, hasta que estén tiernas.

Servir calientes.

# PIMIENTOS RELLENOS DE BACALAO

## Ingredientes

- 10 pimientos del piquillo (pueden ser de conserva)
- 150 gr de bacalao (mejor si es desmigado)
- 1 cebolla grande
- 1 pimiento verde
- Salsa de tomate
- Harina
- Mantequilla
- Leche
- Aceite de oliva
- Sal
- Pimienta negra

## Elaboración

Poner el bacalao a remojo, para desalar (24 horas antes de utilizarlo).

En una sartén, con un poco de aceite, pochar media cebolla y el pimiento verde, finamente picados; cuando estén ligeramente dorados, añadir el bacalao desmigado (bien escurrido de agua), dejando sofreír todo durante un par de minutos.

Aparte preparar una bechamel ligera, con la harina, la mantequilla y la leche. Añadir a esta bechamel el sofrito de bacalao. Rectificar el punto de sal, si es necesario. Con esta pasta rellenar los pimientos y colocarlos en una fuente refractaria.

Para la salsa: en una sartén, con un poco de aceite, pochar la otra media cebolla y, antes de que tome color, añadir salsa de tomate y un poco de pimienta negra molida (al gusto); dejar que hierva un momento; posteriormente pasar por el chino o triturar con la batidora, y cubrir con ella los pimientos.

Finalmente, calentar en el horno, durante 5 o 6 minutos, a temperatura media.

Servir caliente.

# PIMIENTOS RELLENOS DE CHIPIRONES

## Ingredientes

- 12 pimientos del piquillo (pueden ser de conserva)
- 500 gr de chipirones
- 2 cebollas
- 2 dientes de ajo
- 1 pimiento verde
- Vino blanco
- Aceite de oliva
- Sal
- Tinta de calamar (puede ser de bolsita)

## Elaboración

Limpiar los chipirones y trocearlos.

Freír, en aceite no demasiado caliente, la cebolla, el ajo y el pimiento verde, todo picado muy fino y, antes de que doren, añadir los chipirones. Después de rehogarlos bien, añadir un chorro de vino blanco. Dejar cocer durante 20 minutos, a mitad de cocción agregar la tinta de calamar y rectificar de sal.

Una vez guisados separar la salsa.

Rellenar los pimientos con los chipirones, pasándolos a una fuente de horno. Verter por encima de los pimientos la salsa que hemos separado.

Finalmente, calentar en el horno, durante 5 o 6 minutos, a temperatura media.

Servir caliente.

# PIMIENTOS VERDES RELLENOS DE CARNE

## Ingredientes

- 6 pimientos verdes, con forma redondeada
- 500 gr de carne de ternera, picada
- 1 cebolla grande
- 2 zanahorias
- 1 vaso de vino blanco
- Caldo de carne
- 1 huevo
- Miga de pan remojada en leche
- Harina
- Aceite de oliva
- Pimienta
- Sal

## Elaboración

Con ayuda de un cuchillo, abrir los pimientos por la parte superior, quitándoles toda la semilla.

Por otro lado, freír en aceite media cebolla y una zanahoria, finamente picadas. Cuando la cebolla esté dorada, añadir la carne salpimentada y rehogarla hasta que esté hecha. Agregar entonces la miga de pan remojada en leche, bien escurrida, y un vaso de vino blanco, dejándolo cocer todo junto durante unos cinco minutos. Pasado ese tiempo, retirar del fuego y echar un huevo batido, mezclándolo bien.

Rellenar con este preparado los pimientos y colocarlos en una fuente refractaria.

Para la salsa, freír la otra media cebolla y la zanahoria picadas menudas y, cuando tomen color, agregar una cucharada de harina, un chorro de vino blanco y una taza de caldo, dejándolo cocer unos minutos. A continuación pasar la salsa por el pasapurés y verterla sobre los pimientos. Introducirlos en el horno a temperatura media-alta durante unos 45 minutos, hasta que la piel de los pimientos se despegue. Regarlos varias veces con su propia salsa, mientras se asan, para que no se sequen.

Servir caliente.

# PISTO CASTELLANO

## Ingredientes

- 3 tomates
- 2 cebollas
- 3 dientes de ajo
- 2 pimientos verdes
- 1 calabacín
- 1 berenjena
- Perejil
- Aceite de oliva
- Sal

## Elaboración

Lavar la berenjena y cortarla en daditos de unos 2 cm. Para quitar el amargor a la berenjena es conveniente, una vez cortada, sazonarla con sal y dejarla reposar durante quince minutos. Transcurrido este tiempo, escurrir el agua que hayan soltado y secarla con papel de cocina absorbente. Cortar en daditos el calabacín, despreciando las puntas. Además, cortar en tiras los pimientos y picar las cebollas en aros y los ajos en láminas.

En una cazuela con aceite caliente, sofreír la cebolla y cuando esté transparente, echar los pimientos y los ajos. A continuación añadir las berenjenas y el calabacín y rehogar durante siete minutos aproximadamente.

Mientras tanto, en un cazo con agua hirviendo, escaldar los tomates dos o tres minutos, para que pelen con mayor facilidad. Picar el tomate en daditos, quitándole con antelación la piel, semillas y partes duras. Añadir el tomate al pisto, rectificar de sal y dejar cocer durante quince minutos a fuego lento, hasta que se haya evaporado casi todo el líquido. Poco antes de terminar la cocción, espolvorear con perejil picado.

Servir caliente o a temperatura ambiente.

# PISTO CON GAMBAS

## Ingredientes

- 10 gambas frescas
- 2 tomates
- 2 pimientos verdes
- 2 cebollas
- 100 gr de jamón
- Caldo de carne
- 2 huevos
- 2 dientes de ajo
- Aceite de oliva
- Sal

## Elaboración

En un cazo con agua hirviendo, escaldar los tomates durante dos minutos, para pelarlos mejor y, cuando éstos se enfríen, quitarles la piel y las semillas. Reservarlos.

Por otro lado, cortar los pimientos en cuadraditos. Picar la cebolla no demasiado fina y los ajos en láminas.

En una cazuela, con aceite caliente, rehogar la cebolla y, cuando ésta esté transparente, añadir los pimientos y los ajos. Dejar rehogar durante siete u ocho minutos e incorporar entonces el jamón cortado en taquitos. A continuación echar el tomate troceado. Tras mezclar bien todos los ingredientes, añadir las gambas y una taza pequeña de caldo. Sazonar con sal y dejar cocer durante cinco minutos. Pasado ese tiempo, sacar las gambas de la cazuela. Verter sobre el pisto los huevos batidos, sin dejar de dar vueltas, procurando que quede bien jugoso.

Servir caliente en una fuente, colocando las gambas encima del pisto.

# PUDIN DE VERDURAS

## Ingredientes

- ½ repollo
- 2 zanahorias
- 2 ajos puerros
- 1 pimiento rojo
- 2 cebollas
- 3 dientes de ajo
- 4 tomates
- 100 gr de jamón serrano
- Miga de pan
- Leche
- 3 huevos
- Mantequilla
- Pan rallado
- Aceite de oliva
- Sal

## Elaboración

Lavar bien las verduras. Picar en juliana el repollo, las zanahorias, los ajos puerros y el pimiento rojo. Ponerlas a cocer en un recipiente con agua y sal, durante 20 minutos aproximadamente. Una vez tiernas, retirarlas del fuego y escurrirlas.

Aparte, en una sartén con aceite, freír la cebolla y los ajos. Cuando comiencen a dorarse echar los tomates pelados y troceados. Sazonar y dejar cocer 10 minutos.

Reservar la mitad de esta salsa y en la otra mitad restante incorporar las verduras cocidas y rehogarlas. A continuación, añadir miga de pan, remojada en leche, el jamón picado, previamente salteado en un poco de aceite, y los huevos batidos. Mezclar bien todos los ingredientes y verter sobre un molde untado con mantequilla y espolvorear por encima con pan rallado.

Poner el molde al "Baño María", durante 30 minutos.

Servir el pudín bañado con la salsa reservada, pasada por el pasapurés.

# PUERROS GRATINADOS

## Ingredientes

- 4 puerros
- 4 lonchas
  de jamón cocido
- 4 lonchas de queso
- Queso rallado
- Harina
- Mantequilla
- Sal

## Elaboración

Lavar bien los puerros, quitar y desechar los tallos verdes, aprovechando únicamente su parte blanca. Cocerlos en un recipiente con agua y sal durante 15 minutos. Escurrirlos y reservar el agua de la cocción.

Envolver cada puerro, primero en una loncha de queso y después en otra de jamón cocido. Colocarlos en una fuente refractaria.

Por otro lado preparar esta bechamel: en un cazo, al fuego, derretir 2 cucharadas de mantequilla y agregar 3 de harina. Sin parar de dar vueltas con una cuchara de madera, echar el agua de la cocción poco a poco, evitando que queden grumos. Dejar cocer 5 minutos.

Verter la bechamel sobre los puerros y espolvorear con queso rallado. Gratinar en el horno hasta que el queso quede ligeramente dorado.

Servir recién hechos.

# REVUELTO DE SETAS

## Ingredientes

- 500 gr de setas
- 6 huevos
- 20 ajetes
- 2 dientes de ajo
- Pimienta blanca
- Nata líquida
- Brandy
- Aceite de oliva
- Sal

## Elaboración

Limpiar las setas con un paño y trocearlas en cuadraditos pequeños. Ponerlas a macerar, durante media hora, regadas con un chorrito de brandy.

En una sartén, con aceite no muy caliente, rehogar, durante 3 minutos, los ajetes picados y el ajo cortado en láminas, sin parar de dar vueltas. A continuación agregar las setas y dejar hacerse otros 10 minutos. Sazonar con sal y pimienta.

Batir ligeramente los huevos, junto con media taza de nata líquida, y verter sobre las setas removiendo sin cesar, hasta que cuajen ligeramente.

Servir caliente, espolvoreado con perejil.

# TOMATES RELLENOS DE BACALAO

## Ingredientes

- 8 tomates medianos
- 300 gr de bacalao
- 1 cebolla
- Mantequilla
- Harina
- Queso rallado
- Aceite de oliva
- Leche
- Sal

## Elaboración

Desalar el bacalao, poniéndolo a remojo en agua entre 24 y 48 horas, dependiendo del grosor y cambiando el agua varias veces.

Poner a cocer el bacalao en un cazo con abundante agua fría, cuando empiece a hervir, separar del fuego, tapar y dejar diez minutos. Pasado este tiempo, sacar el bacalao del agua, quitarle espinas y piel, y desmigarlo.

Por otro lado lavar los tomates y con un cuchillo cortar la tapa superior. Vaciarlo de semillas y parte de su carne. Sazonarlos y colocarlos boca abajo para que suelten su agua.

En una sartén, con un poco de aceite, pochar la cebolla picada. Mientras ésta se hace, preparar esta bechamel: en un cazo derretir la mantequilla y añadir la harina, dando vueltas con una cuchara de madera. A continuación echar poco a poco la leche. Salar y dejar cocer hasta que esté hecha. Agregar la cebolla y el bacalao y mezclar bien.

Rellenar los tomates con la bechamel y espolvorearlos con queso rallado.

En una fuente refractaria, untada con aceite, colocar los tomates e introducirlos en el horno, a temperatura media, durante cuarenta minutos, hasta que los tomates se ablanden.

# TOMATES RELLENOS DE CARNE

## Ingredientes

- 8 tomates medianos
- 200 gr de carne de ternera (picada)
- 150 gr de carne de cerdo (picada)
- 1 diente de ajo
- 1 cebolla
- 100 gr de champiñones
- Pimienta
- 1 huevo
- Perejil
- Aceite de oliva
- Sal

## Elaboración

Lavar los tomates, y con un cuchillo cortar la parte superior. Vaciarlos de semillas y parte de su carne. Salarlos y ponerlos boca abajo para que escurran su agua.

En una sartén, con un chorrito de aceite, saltear la cebolla y el ajo picados. A continuación echar la carne salpimentada y los champiñones limpios y troceados. Rehogar ligeramente, separar del fuego.

Verter sobre la carne un huevo batido y una cucharadita de perejil picado. Mezclar bien y rellenar con este preparado los tomates.

Colocar los tomates en una fuente refractaria, previamente untada con aceite. Meter en el horno, a temperatura media, durante cuarenta minutos, hasta que los tomates se ablanden.

# TOSTAS DE CHAMPIÑONES

## Ingredientes

- 4 rebanadas de pan de molde
- 300 gr de champiñones
- 4 huevos
- Nata líquida
- 3 dientes de ajo
- Pimienta
- Perejil
- Aceite de oliva
- Sal

## Elaboración

Limpiar con un paño los champiñones y picarlos en láminas.

En una sartén, con un poco de aceite, freír los ajos picados y, antes de que doren, añadir los champiñones. Rehogar hasta que se evapore todo su agua. Salpimentar.

Mientras tanto batir los huevos y añadir media taza de nata líquida y una cucharada de perejil picado. Verter en la sartén sobre los champiñones y remover bien hasta que el huevo esté cuajado.

Por otro lado quitar los filos a las rebanadas de pan de molde (si se desea, se pueden cortar al centro, para que queden en forma rectangular) y tostarlas en el tostador.

Colocar el revuelto sobre las tostas y espolvorear con perejil.

# HUEVOS A LA FLAMENCA

## Ingredientes

- 100 gr de guisantes
- 100 gr de judías verdes
- 2 tomates
- 1 cebolla
- 2 dientes de ajo
- 100 gr de chorizo
- 100 gr de jamón serrano
- 1 lata de puntas
  de espárragos
- Pimentón
- 6 huevos
- Aceite de oliva
- Sal

## Elaboración

Cocer los guisantes y las judías verdes en agua y sal, hasta que estén tiernos. Ya cocidos escurrir y reservarlos.

En una sartén, con aceite, freír la cebolla y los ajos, ambos finamente picados. Cuando empiece a dorarse la cebolla echar el tomate troceado, previamente escaldado y pelado, y una cucharadita de pimentón dulce. Cocer lentamente durante 5 minutos y añadir el jamón picado, dejando cocer otros 5 minutos. Agregar las verduras cocidas, el chorizo cortado en rodajas y verter un chorro del agua de cocer las verduras. Sazonar y cocer todo junto durante otros 5 minutos.

Distribuir este preparado en cazuelas refractarias, separando antes las rodajas de chorizo.

En el centro de cada cazuela colocar un huevo y al lado de cada yema una rodaja de chorizo y una punta de espárrago.

Meter en el horno, a temperatura alta, hasta que cuaje la clara.

Sacar del horno y servir inmediatamente.

# HUEVOS A LA MARINERA

## Ingredientes

- 6 huevos
- 1 lata de bonito
- 2 latas de anchoas
- 6 aceitunas rellenas
- Lechuga

Para la mayonesa:
- 2 huevos
- Vinagre o limón
- Aceite de oliva
- Sal

## Elaboración

Poner los huevos en un cazo con abundante agua fría y una pizca de sal. Cuando rompa a hervir, dejarlos durante 12 minutos, moviéndolos de vez en cuando para que la yema quede en el centro. Pasado ese tiempo, sumergirlos en agua fría, y una vez fríos, quitarles la cáscara.

Mientras tanto preparar esta mayonesa: poner 2 huevos en un recipiente, añadiendo una cucharada de vinagre o de zumo de limón, y una pizca de sal. Para dejarla más ligera echar también un chorrito de agua. A continuación comenzar a echar aceite y batir con la batidora con movimientos ascendentes y descendentes, dentro del recipiente, hasta que la mayonesa esté en su punto. Rectificar de sal y de limón.

Cortar los huevos por la mitad a lo largo y sacarles las yemas. Mezclar cuatro yemas con el bonito, escurrido de aceite, y con mayonesa. Rellenar las medias claras con este preparado y colocarlas, boca abajo, en una fuente. Cubrir los huevos con mayonesa. Rodear cada huevo con un cordón de filetes de anchoas. Coronar los huevos con media aceituna y finalmente espolvorearlos con las dos yemas ralladas.

Adornar la fuente con lechuga picada en juliana.

# HUEVOS RELLENOS DE ALMENDRA

## Ingredientes

- 6 huevos
- 150 gr de almendra molida
- 2 tomates

Para la mayonesa:
- 2 huevos
- Vinagre o limón
- Aceite de oliva
- Sal

## Elaboración

Poner los huevos en un cazo con abundante agua fría y una pizca de sal. Cuando rompa a hervir, dejarlos durante 12 minutos, moviéndolos de vez en cuando para que la yema quede en el centro. Pasado ese tiempo, sumergirlos en agua fría, y una vez fríos, quitarles la cáscara.

Mientras cuecen los huevos, preparar un salsa mayonesa: en el vaso de la batidora, poner 2 huevos, el zumo de medio limón o una cucharada de vinagre y una pizca de sal. Añadir también un chorrito de agua para dejarla más ligera. Comenzar a echar aceite y batir con la batidora hasta obtener la consistencia deseada. Rectificar de sal.

Cortar los huevos por la mitad a lo largo y sacar las yemas. Mezclar cuatro yemas con la almendra molida y con mayonesa. Ligar bien los ingredientes y rellenar con ello los medios huevos. Colocarlos en una fuente, boca abajo, sobre unas rodajas de tomate.

Servir cubiertos con mayonesa y con yema de huevo rallada.

# PINCHO DE HUEVO DURO

## Ingredientes

- Rebanadas de pan
- Lonchas de jamón serrano
- Salmón ahumado
- Huevos
- Gambas
- Mayonesa
- Aceite de oliva
- Sal

## Elaboración

En una sartén, con aceite caliente, freír las rebanadas de pan. Sacarlas y dejarlas escurrir sobre papel absorbente.

Cocer las gambas, durante 1 o 2 minutos, en agua hirviendo con sal. Sacarlas y dejarlas enfriar en otro recipiente con agua fría y seguidamente pelarlas y quitarles la cabeza.

Por otro lado, en un cazo con agua fría y una pizca de sal, cocer los huevos durante 12 minutos, contados desde el primer hervor. Una vez cocidos, pasarlos a un recipiente con agua fría, y una vez fríos, pelarlos.

Colocar sobre una rebanada de pan frito una loncha de jamón serrano, una loncha de salmón ahumado, una rodaja de huevo cocido, cubrir con mayonesa y finalmente coronar con una gamba.

Servir espolvoreados con huevo cocido rallado.

# TORTILLA DE CEBOLLA

## Ingredientes

- 6 huevos
- 200 gr de lomo de cerdo
- 3 cebollas
- Aceite de oliva
- Sal

## Elaboración

Trocear la cebolla y, en una sartén con un poco de aceite, freírla lentamente, removiendo para evitar que se dore.

Aparte freír la carne de lomo, cortado en pequeños trocitos.

Batir los huevos en un recipiente y añadir la cebolla, el lomo y un poco de sal, revolviendo hasta que los ingredientes queden bien mezclados.

Calentar una sartén, engrasada con aceite, y cuajar en ella la tortilla por ambos lados.

Servir caliente.

# TORTILLA RELLENA

## Ingredientes

- 500 gr de patatas
- 6 huevos
- 1 cebolla
- 2 tomates
- 1 lata de atún
- 10 palitos de sucedáneo de cangrejo
- Lechuga
- 2 huevos cocidos
- Mayonesa
- Aceite de oliva
- Sal

## Elaboración

Pelar y lavar las patatas en cuadraditos pequeños y delgados. Picar a tamaño similar la cebolla. Mezclar ambos ingredientes y sazonar.

En una sartén con abundante aceite freír las patatas y la cebolla a fuego lento, removiendo de vez en cuando. Cuando estén tiernas, sin que lleguen a dorar, sacarlas bien escurridas.

Batir los huevos en un bol, sazonar con sal y mezclar con las patatas.

En una sartén con un poco de aceite caliente, verter la mitad de la mezcla y dejar que se dore la tortilla, moviéndola suavemente para evitar que se pegue. Con ayuda de un plato llano darle la vuelta y dejar que se dore por el otro lado. Sacarla y dejar que se enfríe. Con la otra mitad de la mezcla hacer otra tortilla igual.

Mientras se enfrían las tortillas, preparar el relleno: picar muy menudos los palitos de cangrejo y los huevos cocidos y desmigajar el atún. Ligar éstos ingredientes con mayonesa.

Poner sobre una tortilla una capa de hojas de lechuga, sobre ésta extender el preparado de mayonesa, encima el tomate en rodajas finas y cubrir con la otra tortilla.

Servir troceada.

# TORTILLA PAISANA

## Elaboración

Pelar las patatas y picarlas en trocitos pequeños y finos. Picar igualmente la mitad de la cebolla.

En una sartén poner abundante aceite y, cuando esté caliente, echar las patatas y la cebolla, poner un poco de sal. Dejar freír a fuego lento, removiendo de vez en cuando, cuidando que se hagan, pero sin dorar.

Aparte, cocer las judías (troceadas) y los guisantes, hasta que estén tiernos.

En otra sartén, con un poco de aceite, freír la otra media cebolla picada y, cuando ésta se ponga transparente, rehogar el jamón y el chorizo (ambos cortados en cuadraditos pequeños), las judías y los guisantes, y finalmente mezclar con las patatas, escurridas de aceite.

En un recipiente hondo, batir los huevos, sazonados con sal, a continuación verter en él todo lo anterior, mezclándolo bien.

Calentar una sartén, engrasada con aceite, y cuajar en ella la tortilla por ambos lados.

Servir troceada en cuadraditos.

## Ingredientes

- 500 gr de patatas
- 6 huevos
- 100 gr de judías verdes
- 100 gr de guisantes
- 50 gr de jamón
- 50 gr de chorizo
- 1 cebolla
- Aceite de oliva
- Sal

# ALBÓNDIGAS DE CARNE

## Ingredientes

- 500 gr de carne de ternera, picada
- 150 gr de carne de cerdo, picada
- 3 dientes de ajo
- 3 tomates
- 1 cebolla
- Perejil
- 1 huevo
- Vino blanco
- Miga de pan
- Pimienta
- Harina
- Uvas pasas
- Aceite de oliva
- Sal

## Elaboración

En un recipiente hondo, poner la carne picada y añadir un diente de ajo y el perejil, machacados en el mortero, y un chorrito de vino blanco. Mezclar y dejar reposar durante un cuarto de hora.

Pasado ese tiempo agregar la miga de pan remojada en leche, un huevo batido, sal y pimienta. Amasar hasta que todos los ingredientes estén bien mezclados. Hacer bolas con las manos y rebozarlas en harina. A continuación freírlas en abundante aceite caliente hasta que doren. Pasar a una cazuela.

En una sartén, con parte del aceite de freír las albóndigas, previamente colado, preparar esta salsa: sofreír la cebolla y dos dientes de ajo picados. Cuando comiencen a dorar añadir los tomates troceados. Dejar que se haga durante cinco minutos e incorporar un vaso de vino blanco. Hervir tres minutos y pasar la salsa por el pasapurés, echándola sobre las albóndigas. Añadir varias uvas pasas y dejar cocer todo, a fuego lento, durante veinticinco minutos. Si la salsa espesase demasiado, añadir un poco de agua.

Servir calientes.

# BROCHETAS DE LOMO CON BACON

## Ingredientes

- 500 gr de lomo de cerdo
- 250 gr de bacon en trozo
- 350 gr de champiñones
- 1 pimiento
- 12 ciruelas pasas
  (sin hueso)
- 1 limón
- Orégano
- Pimienta
- Aceite de oliva
- Tomillo
- Sal

## Elaboración

Trocear el lomo en dados de tamaño similar y ponerlos a macerar (durante dos horas, como mínimo) en un recipiente con cuatro cucharadas de aceite, el zumo de medio limón, tomillo, orégano, pimienta y sal.

Cortar el bacon y el pimiento en cuadraditos. Limpiar los champiñones con un paño húmedo y si son muy grandes partirlos en trozos.

Transcurrido el tiempo de maceración, sacar la carne e insertar los ingredientes en los pinchos: intercalando el lomo, el pimiento, el bacon, los champiñones y las ciruelas.

Asar los pinchos en el horno o en la parrilla, durante diez o quince minutos, dándoles la vuelta y rociándolos de vez en cuando con el jugo sobrante de la maceración.

Servir calientes.

# CALLOS

## Ingredientes

- 1 Kg. de callos
- 1 pata de ternera
- 2 manos de cerdo
- 1 morro de ternera
- 2 cebollas
- 3 dientes de ajo
- Perejil
- Laurel
- Guindilla
- Vino blanco
- 150 gr de jamón serrano
- 100 gr de chorizo
- Pimentón dulce
- Vinagre
- Aceite de oliva
- Sal

## Elaboración

Limpiar los callos con abundante agua. Después dejarlos, durante una hora, en agua con sal y vinagre. A continuación enjuagar hasta que desaparezca el olor a vinagre. Cortarlos en trozos regulares y, en una cacerola con agua, hervirlos durante siete minutos. Pasarlos escurridos a otro recipiente con agua fría, junto con un diente de ajo, una cebolla troceada, perejil, laurel y sal. Dejar cocer cuatro horas. Pasado ese tiempo sacar del agua y reservar.

Flamear la pata de ternera, las manos de cerdo y el morro, para quitarles los pelos. Frotarlos con un cepillo y enjuagarlos. Ponerlos a cocer, unas tres horas. Escurrirlos y reservar este caldo con la gelatina.

Picar la pata, manos y morro, y mezclar con los callos ya cocidos.

Freír la cebolla picada y la guindilla. Cuando dore agregar el jamón y el chorizo, cortados en daditos. Rehogar y echar una cucharada de pimentón.

Aparte freír dos dientes de ajo y unas ramas de perejil, machacarlos en el mortero y añadirlos al sofrito de cebolla. Echar un vaso de vino blanco y dejar hervir. Finalmente verter sobre una cazuela que contenga los callos, la pata, el morro y las manos. Añadir caldo de gelatina, el necesario para que queden jugosos, sazonar y cocer lentamente durante una hora más.

Servir calientes.

# CODORNICES ESTOFADAS

## Ingredientes

- 4 codornices
- 1 cebolla
- 3 dientes de ajo
- Brandy
- Perejil
- Tomillo
- Caldo de pollo
  (puede ser de cubitos)
- Aceite de oliva
- Sal

## Elaboración

Rociar las codornices con un poco de brandy y tomillo y dejarlas reposar, al menos media hora.

Transcurrido este tiempo, sazonarlas con sal y, a continuación, rehogarlas en una cazuela con aceite muy caliente hasta que queden doradas. Sacarlas de la cazuela y, en el mismo aceite de freírlas, rehogar la cebolla, los ajos y el perejil picados. Incorporar de nuevo las codornices a la cazuela y regarlas con un chorrito de brandy y medio vaso de caldo.

Dejar cocer durante 20 minutos, a fuego lento. Una vez hechas, pasar la salsa por el pasapurés.

Servir acompañadas con patatas redondas pequeñas, friticocidas.

# CONEJO A LA CAZADORA

## Ingredientes

- 1 conejo
- 1 cebolla
- 3 dientes de ajo
- Perejil
- Tomillo
- 250 gr de champiñón
- Vino blanco
- Brandy
- Aceite de oliva
- Pimienta
- Sal

## Elaboración

Limpiar y trocear el conejo. Adobar bien, untando todos los trozos con ajos en láminas, perejil picado y tomillo, y dejar reposar durante dos horas.

Pasado ese tiempo, tras sacudir los ajos, sazonar y freír los trozos de conejo en una cazuela, con aceite muy caliente, hasta que estén bien dorados; entonces agregar las láminas de ajo del adobo quitadas anteriormente y una cebolla picada; dejar rehogar despacio hasta que se doren ligeramente los ajos y la cebolla.

Aparte limpiar con un paño los champiñones, trocearlos e incorporarlos al conejo.

Verter también un vaso de vino blanco y media copita de brandy. Rectificar de sal y pimienta.

Dejar cocer lentamente, dando vueltas de vez en cuando, hasta que esté tierno. Agregar caldo de carne o un poco de agua si quedase seco.

# COSTILLAS DE CERDO CON PEPINILLOS

## Ingredientes

- 400 gr de costillas de cerdo
- Manteca de cerdo
- 1 cebolla
- 2 dientes de ajo
- Harina
- Vinagre
- 6 pepinillos en vinagre
- Pimienta
- Sal

## Elaboración

En una sartén, con un poco de manteca de cerdo, freír las costillas, previamente sazonadas con sal y pimienta, hasta que estén doradas. Sacar y reservar.

En la misma sartén, con la manteca ya utilizada, freír la cebolla y los ajos, ambos picados, hasta que estén ligeramente dorados. Añadir entonces una cucharada de harina y remover bien. Añadir medio vaso de agua y un chorrito de vinagre, y agregar también los pepinillos picados en rodajas. Sazonar y hervir un par de minutos.

Incorporar de nuevo las costillas de cerdo a la sartén. Dejar cocer hasta que la salsa comience a espesar.

Servir calientes.

# CRIADILLAS REBOZADAS

## Ingredientes

- 500 gr de criadillas de ternera
- 1 limón
- 1 huevo
- Harina
- Pan rallado
- Pimienta
- Aceite de oliva
- Sal

## Elaboración

Limpiar las criadillas con abundante agua fría, para eliminar toda la sangre. Quitarles la piel que las envuelve y rociarlas con el zumo de limón, dejándolas reposar una hora.

Transcurrido este tiempo, ponerlas en un colador y escaldarlas sumergiéndolas en una cazuela con agua hirviendo, durante medio minuto. Sacarlas y secarlas.

Hacerlas filetes y sazonar con sal y pimienta. Rebozar los filetes, primero en harina, después en huevo batido y, por último, en pan rallado.

Freír en una sartén con aceite caliente, hasta que se doren.

Servir recién hechas.

# CHULETITAS DE CORDERO ABRIGADAS

## Ingredientes

- 12 chuletitas de cordero
- 2 dientes de ajo
- Mantequilla
- Harina
- Leche
- 1 huevo
- Pan rallado
- Tomillo
- Aceite de oliva
- Sal

## Elaboración

Sazonar las chuletitas con ajo machacado en el mortero y dejar reposar durante una hora. Transcurrido este tiempo retirar con un paño el ajo y sazonar con sal y tomillo. Freírlas en una sartén con aceite caliente. Sacarlas y reservarlas.

Por otro lado, preparar esta bechamel: en un cazo, al fuego, derretir dos cucharadas de mantequilla, añadir cuatro cucharadas de harina y sin parar de dar vueltas echar poco a poco la leche. Dejar cocer durante cinco minutos y sazonar. La bechamel debe quedar bastante espesa.

Coger las chuletitas y sumergirlas en la bechamel, procurando que queden bien envueltas. Dejarlas enfriar.

Una vez frías, rebozarlas, pasándolas primero por huevo batido y después por pan rallado. Freírlas en una sartén, con aceite caliente, hasta que queden doradas.

Servir calientes.

# CHULETITAS DE CORDERO CON ALCAPARRAS

## Ingredientes

- 12 chuletitas de cordero
- Cebolla
- 1 huevo
- 1 huevo cocido
- Salsa de tomate
- Vino blanco
- Alcaparras
- Pepinillos en vinagre
- Harina
- Pan rallado
- Perejil
- Pimienta
- Aceite de oliva
- Sal

## Elaboración

Sazonar con sal y pimienta cada chuletita. Rebozarlas, pasando primero por harina, después por huevo batido y por último por pan rallado. Freírlas en una sartén, con aceite caliente, hasta que queden doraditas. Sacar y reservar.

En el mismo aceite, previamente colado, freír media cebolla picada, cuando esté hecha añadir un chorro de vino blanco, dos cucharadas de salsa de tomate, 15 alcaparras y 2 pepinillos pequeños, picados muy finos. Sazonar con sal, pimienta y espolvorear con perejil picado. Dejar cocer durante 15 minutos.

Colocar las chuletitas alrededor de un plato y en el centro poner la salsa, y el huevo cocido picado.

Servir calientes.

# ESCALOPINES AL QUESO DE CABRALES

## Ingredientes

- 6 filetes de ternera (pequeños y delgados)
- 100 gr de queso de Cabrales (también puede ser queso azul)
- Nata líquida
- Brandy
- Mantequilla
- 1 huevo
- Harina
- Aceite de oliva
- Pan rallado
- Sal

## Elaboración

Para preparar la salsa: fundir en una sartén al fuego 2 cucharadas de mantequilla y el queso de Cabrales. Añadir un vaso de nata líquida y un chorrito de brandy. Dejar reducir durante 3 minutos. Pasar la salsa por la batidora para que quede más cremosa.

Salar los filetes y rebozarlos con harina, huevo batido y por último con pan rallado. Freírlos en una sartén con aceite caliente y colocarlos en un fuente.

Servir con la salsa bien caliente.

# FLAMENQUINES

## Ingredientes

- 6 filetes finos de ternera
- 3 huevos
- 6 lonchas de
  jamón serrano
- 36 aceitunas sin hueso
- 1 cebolla
- 2 dientes de ajo
- Pimiento morrón
- Vino blanco
- Aceite de oliva
- Sal

## Elaboración

Extender los filetes de ternera y sazonarlos ligeramente, pues hay que tener en cuenta que lleva jamón.

Batir los huevos con una pizca de sal y hacer una tortilla francesa plana.

Sobre cada filete colocar una loncha de jamón, unas tiras de tortilla, otras de pimiento morrón y unas aceitunas picadas. Enrollar con cuidado para que no se descoloquen los ingredientes y atar los filetes con un hilo alrededor o sujetarlos con palillos de madera. Freírlos en una sartén con aceite bien caliente y colocarlos en una tartera.

En el mismo aceite, freír la cebolla bien picada y los ajos machacados en el mortero. Cuando comiencen a dorar agregar un vaso de vino blanco. Dejar hervir y verter sobre los filetes enrollados. Cocer durante una hora, al cabo de la cual, pinchar la carne para saber si está tierna.

Si se desea, servir con la salsa pasada por el pasapurés.

# HÍGADO ENCEBOLLADO

## Ingredientes

- 750 gr de hígado de ternera
- 2 cebollas
- 3 dientes de ajo
- Perejil
- Laurel
- Pimentón dulce
- Aceite de oliva
- Sal

## Elaboración

Quitar la telilla que rodea al hígado y cortarlo en trozos pequeños. Sazonarlo con ajo machacado en el mortero.

Freír a fuego lento, en un poco de aceite, los ajos, la cebolla y el perejil picados menudo; además echar un trocito de laurel. Cuando la cebolla esté tierna, salar el hígado e incorporarlo todo al sofrito, junto con una cucharada de pimentón, rehogándolo a fuego vivo durante cinco minutos más.

Servir muy caliente, acompañado de patatas fritas o arroz blanco.

# LOMO DE CERDO MECHADO

## Ingredientes

- 750 gr de lomo de cerdo (en una pieza)
- 100 gr de bacon
- 2 dientes de ajo
- Pimienta
- Tomillo
- Aceite de oliva
- Sal

## Elaboración

Adobar el lomo untándolo bien con ajo machacado en el mortero. Dejar reposar, al menos durante una hora.

Mientras tanto, cortar el bacon en tiras de un centímetro de ancho.

Pasada la hora, limpiar de ajo, con un paño, la cinta de lomo y mechar la carne con el bacon, previamente espolvoreado con pimienta, atravesando la pieza longitudinalmente y a una distancia cercana unas mechas de otras.

Sazonar con sal y tomillo y colocarlo en una fuente refractaria.

Antes de introducirlo en el horno, precalentado a temperatura media-alta, rociarlo con medio vaso de aceite muy caliente. Asar durante 30-40 minutos, dándole vueltas para que adquiera un color dorado uniforme. En caso necesario, regarlo también con un poco de agua.

Servir caliente, en lonchas delgadas con su propio jugo, o frío sin jugo y con mayonesa.

# LOMO DE CERDO RELLENO

## Ingredientes

- 750 gr de lomo de cerdo (en una pieza)
- 100 gr de carne de ternera, picada
- 100 gr de carne de cerdo, picada
- 100 gr de jamón serrano, picado
- 50 gr de aceitunas
- 50 gr de pimiento morrón
- 1 huevo cocido
- 1 huevo
- Brandy
- Tomillo
- Aceite de oliva
- Sal

## Elaboración

Hacer al lomo dos cortes longitudinales, sin llegar hasta el final. Reservar.

Mezclar las carnes picadas junto con el jamón muy troceado. Luego añadir el pimiento morrón, las aceitunas y el huevo cocido, todo ello muy picado.

En un bol, amasar todos los ingredientes con un huevo batido y media copita de brandy. Sazonar, teniendo en cuenta la sal del jamón y de las aceitunas.

Colocar el relleno dentro de los cortes de lomo y atar transversalmente con una cuerda, sin apretar demasiado para que no se escape el relleno.

Sazonar el lomo con sal y tomillo y rociarlo con aceite muy caliente antes de meterlo en el horno, precalentado a temperatura media-alta.

Asar durante 40 minutos, regándolo frecuentemente con su propio jugo, o también con un poco de agua si quedase seco.

Una vez asado, dejar enfriar un poco antes de quitarle la cuerda.

Servir caliente, en lonchas delgadas con su propio jugo, o frío sin jugo y con mayonesa.

# MANITAS DE CERDO ESTOFADAS

## Ingredientes

- 4 manos de cerdo
- 2 cebollas
- 1 diente de ajo
- Pimentón
- Vino blanco
- Pimienta negra en grano
- Laurel
- Guindilla
- Perejil
- Aceite de oliva
- Sal

## Elaboración

Escoger las manos delanteras, pues tienen más carne. Lo normal es adquirirlas limpias y partidas a la mitad en la carnicería. Atarlas con un hilo alrededor, para que conserven su forma durante la cocción.

Cocerlas en una cazuela con abundante agua con sal, un trozo de cebolla, un diente de ajo, una hoja de laurel y varios granos de pimienta negra. Dejar cocer a fuego lento durante 3 horas. Una vez cocidas, sacarlas del agua y reservar parte del caldo de la cocción.

En una cazuela, con aceite poco caliente, rehogar una cebolla picada fina y, cuando esté dorada, añadir ajo y perejil, machacados en el mortero y desleídos con medio vaso de vino blanco. Agregar una cucharadita de pimentón dulce y una hoja de laurel. Incorporar las manitas y dejar cocer, tapadas, durante una hora más. Si tuviera poca salsa, echar un poco de caldo de la cocción. Poner una guindilla si se prefieren un poco picantes.

Servir calientes.

# MOLLEJAS AL JEREZ

## Ingredientes

- 500 gr de mollejas de ternera
- 1 cebolla
- 1 zanahoria
- 200 gr de champiñones
- 1 diente de ajo
- Perejil
- Jerez seco
- Pimienta blanca
- Aceite de oliva
- Sal

## Elaboración

Poner las mollejas a remojo en agua fría, cambiando varias veces el agua hasta que no tengan nada de sangre. Cocerlas en abundante agua con sal durante 10 minutos. Sacarlas, dejar enfriar y quitar las pieles y sebos, cortar las mollejas en trozos regulares.

En una cazuela, con aceite caliente, rehogar la cebolla y la zanahoria bien picadas. Cuando estén doradas incorporar las mollejas y rehogarlas un par de minutos. Agregar los champiñones, limpios y troceados, el ajo y el perejil, machacados en el mortero y desleídos con una copa de Jerez seco. Salpimentar y dejar cocer durante 20 minutos. Agregar agua si quedase seca la salsa.

Servir calientes.

# PASTEL DE CARNE

## Ingredientes

- 250 gr de pollo, picado
- 250 gr de carne de cerdo, picada
- 250 gr de carne de ternera, picada
- 1 sobre de crema de champiñones
- 150 gr de aceitunas (sin hueso)
- 3 huevos
- 1 lata de foie-gras
- Jerez seco
- Pimienta
- Mantequilla

## Elaboración

Mezclar bien, con ayuda de un tenedor, los tres tipos de carnes picadas junto con las aceitunas troceadas, el sobre de crema de champiñones, los huevos batidos, el foie-gras y una copa de Jerez. Especiar con pimienta. No necesita sal ya que es suficiente la que contiene el sobre de crema de champiñones.

Colocar la masa sobre papel de aluminio, previamente untado con mantequilla, y darle forma de brazo. Envolverlo bien con el papel de aluminio, para impedir que pierda su jugo.

Introducirlo en el horno a temperatura media-alta, durante 30 minutos.

Se puede servir frío con mayonesa o también caliente con champiñones u otras setas.

# PECHUGA DE POLLO AL JEREZ

## Ingredientes

- 500 gr de pechuga de pollo
- 2 dientes de ajo
- Vino de Jerez seco
- Caldo de pollo
- Aceitunas rellenas de pimiento
- Harina
- Aceite de oliva
- Pimienta negra
- Tomillo
- Sal

## Elaboración

Quitar la piel y el hueso a la pechuga. Cortarla en cuadraditos y sazonarlos con sal.

En una sartén, con aceite caliente, rehogar los trozos de pechuga, previamente rebozados en harina, a fuego fuerte hasta que doren. Sacarlos de la sartén y espolvorearlos con pimienta negra recién molida y con tomillo.

En una cazuela poner a cocer una cucharada de aceite, junto con un vaso de vino y otro de caldo de pollo.

Mientras tanto, machacar los dientes de ajo en el mortero echándolos a la cazuela. Dejar cocer hasta que el líquido se reduzca a la mitad y entonces incorporar de nuevo los trozos de pechuga a la cazuela, cociéndolo todo a fuego lento durante ocho minutos.

Por último, picar las aceitunas en rodajas y agregarlas al pollo.

Servir caliente.

# POLLO AL AJILLO CAMPERO

## Ingredientes

- 1 pollo
- 6 dientes de ajo
- Aceite de oliva
- Brandy
- Sal

## Elaboración

Quemar los restos de plumón que pueda tener el pollo, lavarlo, secarlo y cortarlo en trozos pequeños.

Adobar los trozos con el ajo cortado en láminas y regar con un poco de brandy. Dejar reposar durante una hora. Transcurrido ese tiempo, quitar todas las láminas de ajo y reservarlas.

Sazonar los trozos de pollo y, en una sartén con aceite bien caliente, freírlos por tandas, hasta que queden bien dorados.

Una vez que esté todo frito, en la misma sartén, con parte del aceite, freír los ajos utilizados en el adobo, hasta que comiencen a quedar dorados. Echar los ajos y el aceite sobre el pollo.

Servir recién hecho y, si se desea, espolvorear con perejil picado.

# POLLO EN ENSALADA

## Ingredientes

- 1 pechuga de pollo
- 1 pimiento verde
- 1 tomate
- 1 cebolla
- Perejil
- 2 huevos cocidos
- Aceite de oliva
- Vinagre
- Mantequilla
- Ajo
- Brandy
- Sal

## Elaboración

Adobar la pechuga de pollo con ajo machacado en el mortero y dejar reposar al menos media hora. Pasado ese tiempo retirar con un paño el ajo pegado, salar y untar con mantequilla la pechuga, colocándola en una fuente de horno.

Calentar en una sartén tres cucharadas de aceite y, cuando esté hirviendo, verter sobre el pollo. Introducirlo en el horno, precalentado a temperatura media. Cuando la pechuga comience a dorarse, rociarla con una copa de brandy, regando de vez en cuando con su jugo hasta que esté tierna. Sacar y dejar enfriar.

Mientras tanto preparar una salsa vinagreta: en un recipiente hondo, poner un vaso de aceite, vinagre y una pizca de sal, batir hasta conseguir una crema lechosa y entonces añadir la cebolla, el perejil y los huevos cocidos (todo ello muy picado).

Cuando el pollo esté frío, desmenuzarlo y mezclarlo en una fuente con el pimiento verde y el tomate troceados en cuadraditos.

Antes de servir regar con la salsa vinagreta.

# POLLO EN PEPITORIA

## Ingredientes

- 1 pollo
- 50 gr de almendras
- 1 cebolla
- 2 dientes de ajo
- 1 yema de huevo
- Azafrán
- Caldo de pollo
- Vino blanco
- Aceite de oliva
- Sal

## Elaboración

Limpiar el pollo y pasarlo por el fuego para quitarle los restos de plumas. Cortarlo en trozos y sazonarlo.

En una sartén, con aceite caliente, freírlo hasta que quede dorado por todos los lados. Reservar los trozos de pollo en una cazuela.

En el mismo aceite, rehogar la cebolla y los ajos picados. Cuando estén dorados añadir el azafrán tostado, un vaso de caldo y medio vaso de vino blanco. Dejar hervir y verter sobre el pollo. Tapar la cazuela y cocer a fuego lento media hora, aproximadamente, hasta que la carne quede tierna.

Majar en el mortero las almendras, crudas y sin piel, y la yema de huevo cocido. Desleír en un poco de agua y agregar a la cazuela. Cocerlo todo junto durante unos minutos, hasta que la salsa esté bien mezclada.

Servir caliente.

# RIÑONES AL JEREZ

## Ingredientes

- 500 gr de riñones (de ternera o de cerdo)
- 1 cebolla
- 2 dientes de ajo
- Harina
- Perejil
- Jerez seco
- Limón o vinagre
- Aceite de oliva
- Sal

## Elaboración

Limpiar los riñones, cortarlos en rodajas y quitarles toda la grasa y los pellejos. Rociarlos con zumo de limón o con vinagre y dejarlos reposar media hora.

Transcurrido este tiempo, ponerlos en un colador y escaldarlos sumergiéndolos en una cazuela con agua hirviendo, durante medio minuto. Sacarlos y secarlos.

A continuación, adobar los riñones con ajo machacado en el mortero y regados con medio vaso de Jerez. Dejarlos reposar durante hora y media.

Después, freír en una sartén con aceite caliente, la cebolla y unas ramas de perejil, ambas muy picadas. Cuando la cebolla comience a dorarse, agregar los riñones. Sazonarlos y freírlos a fuego fuerte durante 5 minutos. Añadir entonces otro medio vaso de Jerez y una cucharada de harina. Remover bien y dejar cocer, otros 5 minutos, a fuego lento.

Servir bien calientes.

# RIÑONES SALTEADOS

## Ingredientes

- 500 gr de riñones
  (de ternera o de cerdo)
- 1 cebolla
- 2 dientes de ajo
- Perejil
- 20 gr de piñones
- 1 tomate
- 1 huevo cocido
- Pimentón
- Vino blanco
- Vinagre o limón
- Aceite de oliva
- Sal

## Elaboración

Limpiar los riñones, cortarlos en rodajas y quitarles toda la grasa y los pellejos. Rociarlos con zumo de limón o con vinagre y dejarlos reposar media hora.

Transcurrido este tiempo, ponerlos en un colador y escaldarlos sumergiéndolos en una cazuela con agua hirviendo, durante medio minuto. Sacarlos y secarlos.

En una sartén, con aceite caliente, freír la cebolla, el ajo y el perejil, todo ello picado.

Cuando comience a dorar, echar el tomate troceado, previamente escaldado y pelado, y dejar cocer durante 10 minutos. Sazonar y añadir los piñones, machacados en el mortero, una yema de huevo cocida, desleída en un poco de agua, y media cucharadita de pimentón. Verter un vaso de vino blanco y dejar cocer 10 minutos, tras los cuales, pasar la salsa por el pasapurés.

Sazonar los riñones y, en una sartén con aceite bien caliente, saltearlos a fuego fuerte durante 8 minutos. Finalmente echar los riñones en la salsa y calentar sin que hierva.

Servir calientes, espolvoreados con perejil picado.

# SAN JACOBO

## Ingredientes

Para 4 unidades:
- 8 filetes de ternera (pequeños y delgados)
- 4 lonchas de jamón cocido
- 4 lonchas de queso
- 4 espárragos
- 100 gr de champiñones
- 1 diente de ajo
- 1 lata pequeña de pimiento morrón
- 1 huevo
- Pan rallado
- Vino blanco
- Aceite de oliva
- Sal

## Elaboración

Salar ligeramente los filetes. Sobre uno de ellos, colocar una loncha de jamón cocido, otra de queso y 1 o 2 espárragos. Cubrir con otro filete.

Con cuidado de que no se salga el relleno de los filetes, pasar ambas caras del conjunto por huevo batido y envolver con pan rallado.

En una sartén, con aceite caliente, freírlo hasta que esté dorado por los dos lados. Sacarlo a una fuente refractaria.

En un poco de aceite de freír la carne, previamente colado, se hacen ligeramente el ajo picado. Cuando empiece a dorar, añadir los champiñones limpios y troceados y el pimiento morrón picado. Agregar medio vaso de vino blanco, sazonar y dejar hervir 3 minutos.

Verter este sofrito sobre el San Jacobo, situado sobre una fuente refractaria e introducirla en el horno, previamente calentado a temperatura media, durante 5 minutos.

Servir caliente.

# TERNERA ASADA

## Ingredientes

- 1 Kg. de redondo
  de ternera
- 2 cebollas
- 4 dientes de ajo
- Vino blanco
- Aceite de oliva
- Sal

## Elaboración

Adobar la pieza de carne con 2 dientes de ajo, machacados en el mortero, dejándola reposar durante una hora. Pasado este tiempo sazonar con sal.

En una tartera, calentar abundante aceite, cuando comience a echar humo, rehogar la carne hasta que quede dorada por todos los lados.

Añadir las cebollas, cortadas en trozos grandes, y 2 dientes de ajo partidos por la mitad. Dejar freír durante 4 minutos y regar con un vaso de vino blanco. Cocer lentamente durante hora y media. La carne estará a punto cuando sea fácil el traspasarla con una aguja.

Sacar la carne y dejar enfriar. Separar la salsa, pasarla por el pasapurés y reservar.

La pieza de carne puede mantenerse varios días en el frigorífico.

Se puede servir caliente, cortada en lonchas finas y calentadas con su propia salsa, hasta que ésta dé el primer hervor. Acompañar con pimientos rojos y puré de patatas.

También se puede servir fría, cortada en lonchas finas, sin salsa, acompañada de mayonesa, u otra salsa al gusto.

# TERNERA GOBERNADA

## Ingredientes

- 750 gr carne de ternera
- 1 cebolla grande
- 2 dientes de ajo
- Vino blanco
- Pimentón dulce
- Guisantes
- Pimiento morrón
- Brandy
- Aceite de oliva
- Sal

## Elaboración

Cortar la carne en trozos no muy pequeños. Adobar con ajo machacado en el mortero y dejarla reposar una hora.

Pasado ese tiempo, sazonarla con sal y dorarla en una cazuela con aceite muy caliente. Sacar la carne y, en el mismo aceite, freír la cebolla picada hasta que dore. Incorporar de nuevo la carne, echar una cucharadita de pimentón y regarla con medio vaso de vino blanco y un chorrito de brandy. Dejar cocer hasta que la carne esté tierna y se pueda pinchar fácilmente con una aguja.

Agregar guisantes, previamente cocidos. Si son naturales necesitarán 20 minutos de cocción, si son de lata ponerlos directamente en la cazuela y dejar cocer todo junto otros 5 minutos.

Servir acompañada de pimiento morrón.

# TIRITAS DE TERNERA A LA MESONERA

## Ingredientes

- 3 filetes de ternera
- 1 cebolla
- 2 dientes de ajo
- Laurel
- Pimienta negra
- Vino blanco
- 1 huevo
- Pan rallado
- Caldo de carne
- Aceite de oliva
- Sal

## Elaboración

Cortar los filetes en tiras de un centímetro de ancho y de cinco de largo. Salpimentar y rebozar las tiras, primero en huevo batido y después en pan rallado.

En una sartén, con aceite bien caliente, freírlas hasta que queden doradas. Sacarlas a una cazuela y reservarlas.

En el mismo aceite, previamente colado, rehogar la cebolla y el ajo muy picados, junto con una hoja de laurel. Una vez dorada la cebolla y el ajo, agregar media copita de vino blanco y otro tanto de caldo de carne. Cuando rompa a hervir, verter sobre las tiritas de carne rebozadas y dejar cocer 5 minutos.

Servir acompañadas de patatas fritas.

# ALBÓNDIGAS DE BONITO

## Ingredientes

- 1 Kg. de bonito
- 150 gr de jamón serrano
- 1 lata de pimiento morrón
- 2 dientes de ajo
- 1 cebolla
- 1 huevo crudo
- 1 huevo cocido
- Miga de pan
- Harina
- Vino blanco
- Aceite de oliva
- Sal
- Perejil
- 1 lata de aceitunas deshuesadas

## Elaboración

Quitar la piel y espinas al bonito. Picarlo muy menudo y sazonarlo con sal, ajo y perejil machacados en el mortero. Dejar reposar en un recipiente hondo. A continuación agregar el jamón serrano, los pimientos morrones, el huevo cocido y las aceitunas, todo ello picado. Añadir la miga de pan remojada en leche, escurrida, y un huevo batido. Amasar con las manos hasta mezclar perfectamente todos los ingredientes. Si la masa no ha quedado bien ligada, espolvorearla con harina y amasar de nuevo. Formar las albóndigas con las manos y rebozarlas en harina.

En una sartén con aceite caliente, freírlas hasta que estén doradas.

Aparte, en una cazuela con el aceite de freír las albóndigas (previamente colado) freír la cebolla picada. Machacar un diente de ajo y unas ramas de perejil en el mortero y desleír con un vaso de vino blanco, verterlo a la cazuela e incorporar las albóndigas. Dejar cocer a fuego lento durante veinticinco minutos. Antes de servir pasar la salsa por el pasapurés.

Se pueden tomar calientes con su salsa, o frías sin salsa y con mayonesa.

# ALMEJAS A LA MARINERA

## Ingredientes

- 1 Kg. de almejas
- 1 cebolla grande
- 4 dientes de ajo
- Vino blanco
- Pan rallado
- Perejil
- Guindilla
- Aceite de oliva
- Sal

## Elaboración

Lavar varias veces las almejas frotándolas en agua fría. Desechar las que estén muertas. Para saber cuáles son, debe darse un pequeño golpe a las que estén abiertas, si no se cierran significa que la almeja está muerta. También hay que desechar aquellas que, una vez cocidas, no se abran.

Picar la cebolla y los ajos en trocitos menudos. En una cazuela, a ser posible de barro, rehogar en aceite a fuego lento la cebolla y los ajos hasta que la primera se ablande. Añadir entonces una cucharada de perejil fresco machacado en el mortero, una cucharada de pan rallado, la guindilla y vaso y medio de vino blanco. Sazonar con sal y dejar hervir durante tres minutos. Pasado ese tiempo, echar las almejas a la cazuela y cocerlas tapadas hasta que se abran.

La salsa no debe quedar ni demasiado espesa, ni muy líquida. En el primer caso, echar un poco de agua, y en el segundo un poco de pan rallado.

Servir muy calientes, en la misma cazuela de barro.

# ALMEJAS RELLENAS

## Ingredientes

- 300 gr de almejas
- 50 gr de jamón serrano
- Cebolla
- Perejil
- 1 yema de huevo
- Harina
- Pan rallado
- Mantequilla
- Aceite de oliva

## Elaboración

Lavar varias veces las almejas frotándolas con agua fría y dejándolas a remojo para que suelten la arena que puedan tener. Desechar las que estén muertas y no se cierren al darles un golpe. Desechar también las que no se abran una vez cocidas.

En un cazo, con un poco de agua caliente, poner las almejas hasta que se abran. Colar y reservar el caldo de la cocción.

En una sartén, con aceite no muy caliente, freír media cebolla muy picada. Cuando comience a dorar añadir el jamón, picado en taquitos pequeños, el perejil y las almejas también picadas. A continuación agregar una cucharadita de harina y cuando ésta esté rehogada, echar poco a poco el caldo de cocerlas, dando vueltas sin parar. Cuando tenga una consistencia similar a una bechamel, agregar una yema de huevo y remover bien.

Rellenar medias conchas de las almejas con este preparado y espolvorear con pan rallado. Colocarlas en una fuente refractaria e introducirlas en el horno para gratinarlas.

Servir calientes.

# ANCHOAS RELLENAS

## Ingredientes

- 500 gr de anchoas frescas (o boquerones)
- 1 cebolla
- 1 pimiento rojo
- 1 pimiento verde
- Harina
- Huevo
- Aceite de oliva
- Sal

## Elaboración

Quitar las tripas a las anchoas. Abrir el pescado dejándolo plano y a continuación tirar suavemente de la cabeza, despegando la espina de la carne. Lavar las anchoas en agua fría y secarlas bien. Sazonarlas ligeramente.

Aparte rehogar en una sartén, con un poco de aceite, la cebolla y los pimientos picados muy finos. Dejar freír hasta que las verduras estén doradas.

Tomar una anchoa y cubrirla con el sofrito de verduras, taparla con otra anchoa a modo de bocadillo.

Rebozarlas primero en harina y después en huevo. Freírlas en aceite muy caliente, sacarlas y dejar escurrir sobre papel de cocina absorbente.

Servir calientes.

# BACALAO AL AJO ARRIERO

## Ingredientes

- 400 gr de bacalao
- 1 cebolla
- 3 dientes de ajo
- Salsa de tomate
- 1 pimiento choricero
- Guindilla
- Aceite de oliva
- Sal

## Elaboración

Desalar el bacalao durante 36-48 horas, antes de usarlo, dependiendo del grosor, poniéndolo a remojo en agua fría y cambiando el agua varias veces. Una vez desalado, limpiarlo de pieles y espinas. Cortarlo en trozos pequeños.

En un cazo con agua, cocer 5 minutos las pieles y espinas del bacalao, para hacer un caldo.

En una sartén, con aceite no muy caliente, rehogar la cebolla picada y los ajos cortados en láminas. Cuando comiencen a dorarse añadir la carne de los pimientos choriceros, previamente puestos a remojo, un poco de guindilla al gusto y 6 cucharadas de salsa de tomate. Cuando comience a cocer agregar el bacalao, rehogarlo brevemente y añadir un poco de su caldo. Dejar cocer a fuego lento durante 10 minutos.

Servir caliente.

# BACALAO ENCEBOLLADO

## Ingredientes

- 250 gr de bacalao
- 1 pimiento verde
- 1 cebolla
- Guindilla
- Aceite de oliva

## Elaboración

Para desalar el bacalao: ponerlo previamente en remojo durante 36-48 horas, dependiendo del grosor, y renovando el agua cuatro veces. Una vez desalado quitar las pieles y espinas. Cortarlo en tacos.

En una sartén, con aceite no demasiado caliente, pochar la cebolla picada en aros y el pimiento cortado en tiras. Cuando estén hechos, añadir el bacalao y dejar hacer a fuego lento durante 10 minutos. Si se desea, añadirle unos aros de guindilla, al gusto.

Colocar el bacalao con la verduras sobre rebanadas de pan.

# BACALAO A LA VIZCAÍNA

## Ingredientes

- 500 gr de bacalao
- 4 pimientos choriceros
- 1 yema de huevo cocido
- 2 cebollas
- 1 rebanada de pan frito
- 2 dientes de ajo
- 6 almendras
- Aceite de oliva

## Elaboración

Desalar el bacalao durante 36-48 horas, antes de usarlo, dependiendo del grosor, poniéndolo a remojo en agua fría y cambiando el agua varias veces. Una vez desalado, quitar con cuidado las espinas sin estropear la piel. Colocar los trozos, una vez secados con un paño, en una cazuela de barro y reservar.

Poner también a remojo, en agua caliente, los pimientos choriceros.

En una sartén, con aceite no demasiado caliente, freír las cebollas picadas y los ajos partidos por la mitad. Dejar freír muy despacio hasta que la cebolla quede friticocida, sin que dore. Sacar los pimientos del agua y rasparles la pulpa y agregarla a la salsa de cebolla.

Machacar en el mortero la rebanada de pan frito, la yema de huevo y las almendras, y desleír con un poco de agua. Incorporarlo todo a la salsa y dejar hervir un poco más. Si se desea que la salsa resulte más fina, pasarla por el pasapurés.

Verter la salsa sobre el bacalao y dejar cocer a fuego lento durante 20 minutos.

Servir en la misma cazuela.

# BERBERECHOS CON VERDURAS

## Ingredientes

- 1 Kg. de berberechos
- 1 puerro
- 1 zanahoria
- 1 cebolla
- 1 diente de ajo
- 1 hoja de laurel
- Vino blanco
- Aceite de oliva
- Perejil
- Sal

## Elaboración

Lavar los berberechos en agua abundante, frotándolos unos contra otros. Despreciar los que estén muertos. Para distinguirlos basta con dar un golpe a aquellos que estén abiertos, si no se cierran es que están muertos. También hay que desechar aquellos que una vez cocidos no se abran.

Picar la cebolla, el puerro, la zanahoria y el ajo en trocitos muy pequeños. En una cazuela, a poder ser de barro, rehogar en aceite las verduras y, antes de que éstas se doren, incorporar una hoja de laurel, unas ramas de perejil machacadas en el mortero y vaso y medio de vino blanco. Sazonar con sal y hervir durante tres minutos. A continuación añadir los berberechos a la cazuela y dejar cocer tapados hasta que éstos se abran.

Servir muy calientes, en la misma cazuela de barro.

# BOCADITOS DE LENGUADO

## Ingredientes

- 4 filetes de lenguado
- 2 lonchas de
  jamón serrano
- 8 almejas
- 8 gambas
- Cebolla
- 1 diente de ajo
- Perejil
- 1 huevo
- Harina
- Vino blanco
- Aceite de oliva
- Sal

## Elaboración

Los filetes de lenguado deben de ser muy finos.

Cortar los filetes en trozos regulares de unos 4 x 6 cm. Sazonar ligeramente.

Colocar sobre cada trozo de lenguado un trozo de loncha de jamón serrano, del mismo tamaño que la del lenguado, y una gamba pelada y cruda partida longitudinalmente por la mitad; tapar con otro trozo de lenguado, quedando en forma de bocadito.

Rebozar los bocaditos, primero en harina, después en huevo y freírlos en una sartén, con aceite bien caliente, hasta que queden dorados por ambos lados. Una vez fritos pasarlos a una cazuela y reservar.

En el mismo aceite, dorar media cebolla muy picada. Cuando la cebolla esté tierna, agregar ajo y perejil machacados en el mortero y desleídos con medio vaso de vino blanco. Dejar hervir un minuto y verter sobre los bocaditos. Agregar las almejas bien lavadas con agua y dejar cocer todo junto durante 3 minutos.

Servir calientes.

# BONITO ENCEBOLLADO

## Ingredientes

- 1 Kg. de bonito
- 2 cebollas
- 3 dientes de ajo
- Perejil
- Limón
- 3 pimientos choriceros
- Caldo
- Aceite de oliva
- Sal
- Pimienta

## Elaboración

Quitar la piel y las espinas al bonito. Cortarlo en trozos regulares y sazonarlo con sal, pimienta y unas gotas de limón. Dejar macerando.

Mientras tanto, en una cazuela con aceite, freír la cebolla cortada en aros y los ajos picados hasta que estén hechos. Añadir un vaso de caldo, medio vaso de agua, sal y perejil picado y dejar cocer hasta que la salsa se reduzca y espese.

Poner los pimientos choriceros a remojo en agua caliente. Cuando estén tiernos raspar la carne y echarla a la salsa y de nuevo dejar cocer tres minutos, removiendo bien. Incorporar los trozos de bonito y cocer durante cinco minutos más.

Servir caliente con su salsa, que si se desea se puede pasar por el pasapurés.

# BOQUERONES EN VINAGRE

## Ingredientes

- 300 gr de boquerones
- Vinagre de vino
- Ajo
- Perejil fresco
- Aceite de oliva
- Sal

## Elaboración

Para limpiar el pescado pasar el dedo índice a lo largo de la tripa, abriendo por completo el boquerón. Luego tirar suavemente de la cabeza y separar la espina dorsal de la carne del pescado. A continuación lavarlo muy bien en agua fría y dejar que escurra bien. Dividir cada boquerón en dos filetes.

Poner los boquerones en un recipiente y cubrirlos con el vinagre. Dejar marinando durante dos o tres horas, hasta que la carne se ponga blanca.

Mientras tanto, picar finamente los ajos y el perejil, que debe ser siempre fresco. Pasadas las tres horas, escurrir bien los boquerones quitándoles todo el líquido.

Colocarlos en una fuente y espolvorearlos con el ajo y el perejil y sazonarlos con sal. Finalmente verter sobre los boquerones el aceite de oliva, hasta cubrirlos.

# BROCHETAS DE MARISCO

## Ingredientes

- 6 mejillones
- 6 langostinos
- 6 trozos de pescado blanco
- 6 champiñones
- 1 pimiento verde
- 1 limón
- 1 diente de ajo
- Perejil
- Aceite de oliva
- Sal

## Elaboración

Rascar con un cuchillo los caparazones de los mejillones y aclararlos en abundante agua. Cocerlos al vapor hasta que se abran. Dejar enfriar y extraerlos de sus conchas.

Quitar las cáscaras y las cabezas a los langostinos. Partir en cuadraditos el pescado blanco, eliminando las espinas.

Trocear también los champiñones y el pimiento verde en cuadraditos de similar tamaño.

Formar brochetas, insertando en cada pincho los ingredientes, de forma alternativa. Sazonar y espolvorear las brochetas con ajo y perejil finamente picados. Rociarlas también con aceite y zumo de limón.

Asar a la plancha hasta que el pescado y el marisco estén hechos.

# BUÑUELOS DE BACALAO

## Ingredientes

- 250 gr de bacalao
- 200 gr de harina
- Cerveza
- Levadura en polvo
- Aceite de oliva
- Sal

## Elaboración

Para desalar el bacalao: ponerlo previamente en remojo durante 36-48 horas, dependiendo del grosor, y renovando el agua cuatro veces. Una vez desalado quitar las pieles y espinas y partirlo en trocitos.

Para preparar la pasta del buñuelo: mezclar en un bol la harina, una cucharadita de levadura, sal y desleír con cerveza, hasta que la crema espese.

Antes de hacer los buñuelos, saltear el bacalao en una sartén con un poco de aceite. Echar el bacalao en el bol de la pasta y mezclar bien.

Con ayuda de una cuchara, coger los trocitos de bacalao y freírlos en aceite muy caliente, hasta que estén dorados.

Servir recién fritos.

# CALAMARES ENCEBOLLADOS

## Ingredientes

- 4 calamares medianos
- 2 cebollas
- 1 pimiento verde
- Perejil
- 1 limón
- Aceite de oliva
- Sal

## Elaboración

En esta receta sólo se van a utilizar las bolsas o cuerpos del calamar.

Para limpiar los calamares, tirar de la cabeza separándola del cuerpo. Extraer las entrañas y la pluma del interior y quitar la telilla oscura que lo recubre. Abrir con una tijera longitudinalmente el calamar, de manera que quede como un filete. Lavar en agua fría y secarlos.

Por otro lado, trocear en rodajas la cebolla y cortar en tiras el pimiento verde. En una sartén, con aceite caliente, rehogar estas verduras hasta que estén hechas.

Mientras tanto, en otra sartén, hacer a la plancha los calamares, previamente untados con una mezcla de aceite y zumo de limón. Dejar hacerse hasta que estén dorados por ambos lados. Trocearlos y espolvorearlos con sal y perejil picado, cubrirlos con el sofrito de verduras.

Servir caliente.

# CALAMARES FRITOS

## Ingredientes

- 1 Kg. de calamares
- 3 dientes de ajo
- Harina
- Aceite de oliva
- Sal

## Elaboración

Limpiar los calamares tirando de la cabeza hasta separarla del cuerpo o bolsa. Cortar con un cuchillo los tentáculos por encima de los ojos. Comprobar que se ha quitado el diente que tienen en el interior de la cabeza. Extraer del cuerpo las entrañas y la pluma. Quitar también la telilla que recubre el cuerpo. Lavar en agua fría los tentáculos y el cuerpo y secarlos.

Cortar en aros los calamares y dejarlos macerar untados con aceite y ajo picado, durante una hora. Transcurrido ese tiempo quitar el ajo y sazonar con una pizca de sal, que incluso no sería necesario, ya que los calamares apenas necesitan sal.

Rebozar en harina cada aro o tira y freír, en aceite bien caliente, hasta que queden dorados.

Servir calientes, acompañados de rodajas de limón.

# CÓCTEL DE GAMBAS

## Ingredientes

- 500 gr de gambas
- Lechuga
- 2 huevos
- Aceite de oliva
- Limón
- Ketchup
- Brandy
- Pimienta blanca
- Sal

## Elaboración

Cocer las gambas, durante uno o dos minutos, en agua hirviendo con sal. Sacarlas y dejarlas enfriar en otro recipiente con agua fría y seguidamente pelarlas y quitarles la cabeza.

Lavar y picar muy menudo el cogollo de la lechuga.

Preparar una mayonesa con los huevos, el aceite, el zumo de medio limón y sal.

En un recipiente, mezclar la mayonesa con dos o tres cucharadas de ketchup, un chorrito de brandy y pimienta.

Repartir la lechuga y las gambas en copas de champagne o de cóctel y cubrir con la salsa. Decorar con dos o tres gambas.

Meter en el frigorífico y servir frío.

# CREPES DE MARISCO

## Ingredientes

- Leche
- Levadura en polvo
- 5 huevos
- Harina
- 250 gr langostinos
- 1 huevo cocido
- 10 palitos de sucedáneo de cangrejo
- Cebolla
- 1 cogollo de lechuga
- 1 limón
- Brandy
- Ketchup
- Aceite de oliva
- Sal

## Elaboración

En un cazo, con medio litro de leche tibia, una pizca de sal y media cucharadita de levadura en polvo, diluir la harina hasta obtener una crema ligera pero con consistencia y sin grumos. Añadir a la crema los huevos batidos y mezclarlos bien. Dejar reposar al menos media hora.

En una sartén pequeña, con un chorrito de aceite, cuando esté caliente, verter una cantidad pequeña de crema, que cubra tan solo el fondo, de forma que resulten unas tortitas muy finas. Dorar por ambas caras, sacar y reservar.

Cocer los langostinos, durante 2 o 3 minutos, en agua hirviendo con sal. Sacarlos y dejarlos enfriar en otro recipiente con agua fría y seguidamente pelarlos y quitarles la cabeza.

Preparar esta mayonesa: en el vaso de la batidora poner un huevo, sal y el zumo de un limón. Batir y, al mismo tiempo, echar poco a poco aceite hasta obtener la mayonesa, añadir un poco de ketchup y un chorrito de brandy.

En un bol poner los langostinos, los palitos de cangrejo, un huevo cocido, media cebolla y un cogollo de lechuga, todo ello finamente picado. Ligar todos los ingredientes con salsa rosa, extender esta mezcla sobre los crepes y enrollarlos.

Servir fríos colocados en una fuente.

# CROISSANTS RELLENOS DE MARISCO

## Ingredientes

- 6 croissants
- 150 gr de gambas
- 10 palitos de sucedáneo de cangrejo
- 1 huevo cocido
- 1 cogollo de lechuga
- 1 huevo
- 1 limón
- Aceite de oliva
- Sal

## Elaboración

Cocer las gambas, durante 1 o 2 minutos, en agua hirviendo con sal. Sacarlas y dejarlas enfriar en otro recipiente con agua fría y, seguidamente, pelarlas y quitarles la cabeza. Reservar 6 gambas peladas.

Mientras tanto preparar esta mayonesa: en un recipiente poner un huevo, el zumo de un limón y sal. Comenzar a batir con la batidora y al mismo tiempo echar el aceite, poco a poco, hasta obtener la mayonesa.

En un bol, picar muy fino el cogollo, las gambas cocidas, los palitos de sucedáneo de cangrejo y el huevo cocido. Mezclar con la mayonesa.

Abrir por la mitad los croissants y rellenarlos con el preparado.

Colocar dentro una gamba entera para que se sujete abierto.

# CROQUETAS DE PESCADO

## Ingredientes

- 200 gr de merluza
  (u otro pescado blanco)
- 200 gr de gambas
- 1 cebolla
- Perejil
- Mantequilla
- Harina
- Aceite de oliva
- Pan rallado
- 1 huevo
- Leche
- Sal

## Elaboración

Cocer las gambas en agua hirviendo con sal durante 1 o 2 minutos. Colar y reservar el agua de la cocción. Cocer el pescado en agua con sal, un casco de cebolla y unas ramas de perejil, durante 15 minutos. Una vez cocido, colar y reservar parte del agua de la cocción junto con el de las gambas.

Pelar y trocear las gambas. Desmenuzar el pescado desechando la piel y las espinas.

En una sartén, con un poco de aceite, rehogar la cebolla picada, cuando comience a dorarse añadir el pescado y las gambas, y saltear un minuto.

Aparte, en una cazuela, derretir 2 cucharadas de mantequilla y rehogar 4 o 5 cucharadas de harina. Añadir la leche y parte del agua de la cocción del pescado, poco a poco, removiendo con una cuchara de madera y evitando que salgan grumos. Dejar cocer hasta que esta bechamel quede más espesa. Sazonar y añadir las gambas y el pescado, mezclando bien.

Extender sobre una fuente y dejar enfriar.

Una vez fría, coger un poco de pasta y formar las croquetas, moldeándolas con las manos. Rebozarlas pasando cada croqueta, primero por pan rallado, después por huevo batido y otra vez por pan rallado. Freír en una sartén con abundante aceite caliente hasta que estén doradas.

# CHIPIRONES EN SU TINTA

## Ingredientes

- 1 Kg. de chipirones
- 1 cebolla
- 2 tomates
- Perejil
- 2 dientes de ajo
- Aceite de oliva
- Vino blanco
- 2 bolsitas de tinta de calamar
- Sal

## Elaboración

Para limpiar el chipirón hay que despegar la cabeza del cuerpo. Con un cuchillo separar los tentáculos, cortándolos por encima de los ojos. Extraer del cuerpo las entrañas y la pluma. Lavarlos en agua fría y escurrir. Cortar los tentáculos y el cuerpo en trozos (no demasiado pequeños, ya que al cocer mengua mucho).

Aparte, en una sartén con aceite, freír la cebolla y los ajos finamente picados. Mientras tanto escaldar los tomates en agua hirviendo, durante dos minutos, para pelarlos mejor. Cuando la cebolla comience a tomar color, echar los tomates partidos en daditos y el perejil picado. Remover unos instantes y añadir los chipirones troceados. Rehogar todo junto durante dos minutos y verter medio vaso de vino blanco. Dejar cocer tapados, a fuego moderado, treinta minutos. Transcurrido este tiempo agregar la tinta desleída en un poco de agua. Si fuera necesario, rectificar de sal, pero hay que tener en cuenta que la tinta es de por sí salada y que los chipirones apenas necesitan sal. Dejar cocer durante cinco minutos más.

Servir calientes, acompañados con patatas fritas o arroz blanco.

# CHIPIRONES RELLENOS

## Ingredientes

- 1 Kg. de chipirones
- 100 gr de jamón serrano
- 2 tomates
- 1 cebolla
- 3 dientes de ajo
- Perejil
- Vino blanco
- 2 huevos cocidos
- 2 bolsitas de tinta de calamar
- Aceite de oliva
- Sal

## Elaboración

Limpiar los chipirones separando la cabeza del cuerpo, cortar los tentáculos y trocearlos. Cortar el jamón en taquitos pequeños.

En una sartén, con aceite caliente, freír media cebolla picada y, cuando empiece a dorar, agregar el jamón y los huevos cocidos picados. A continuación añadir el perejil y dos dientes de ajo machacados en el mortero y desleídos en un chorro de vino blanco. Remover y, cuando rompa a hervir, incorporar los trocitos de tentáculos. Comprobar el punto de sazón y dejar cocer durante dos o tres minutos. Dejar enfriar.

Con este preparado rellenar los chipirones y cerrarlos con un palillo, para que no se salga el relleno.

Calentar aceite en una cazuela y freír la otra media cebolla junto con unas ramas de perejil y un diente de ajo, todo picado; agregar los tomates pelados y troceados. Dejar cocer brevemente, incorporar los chipirones y rehogarlos. Verter medio vaso de vino blanco y dejar cocer tapados durante veinte minutos. Pasado ese tiempo agregar la tinta. Dejar cocer otros veinte minutos. Por último, pasar la salsa por el pasapurés y verter sobre los chipirones.

Servir calientes.

# GAMBAS AL AJILLO

## Ingredientes

- 500 gr de gambas frescas
- 2 guindillas
- 6 dientes de ajo
- Aceite de oliva
- Sal

## Elaboración

Quitar las cabezas y los caparazones a las gambas. Además extraer el intestino o hilo negro que recorre el dorso de la gamba. A continuación lavarlas en agua fría y secarlas bien.

Aparte cortar en aros la guindilla, eliminando las semillas. Picar los ajos en láminas.

En una sartén o mejor en cazuela de barro, con aceite de oliva bien caliente, freír los ajos y, cuando empiecen a tomar color, agregar los aros de guindilla y las gambas. Sazonar ligeramente y sofreír dando vueltas durante un par de minutos, hasta que las gambas estén hechas.

Servir sin dejar que se enfríen.

# GAMBAS CON BECHAMEL

## Ingredientes

- Gambas
- Harina
- Leche
- Mantequilla
- Sal
- Huevo
- Pan rallado
- Aceite de oliva

## Elaboración

Las gambas, crudas, se enjuagan, se pelan, se les quita la cabeza y se salan ligeramente.

Insertar las gambas, de dos en dos, en un palillo y reservar.

Por otra parte, hacer una bechamel: en un cazo derretir una cucharada de mantequilla y cuando esté líquida añadir dos cucharadas de harina, dando vueltas con una cuchara de madera. Agregar la leche poco a poco sin dejar de remover y cuidando de que no se formen grumos. Sazonar.

Cuando la bechamel esté cocida, envolver los pinchos de gambas con ella y dejar enfriar.

Con ayuda de las manos dar forma redondeada a cada pincho, y a continuación rebozarlos primero en huevo batido y después en pan rallado. Freír en abundante aceite caliente, hasta que tomen color dorado.

Servir calientes.

# GAMBAS REBOZADAS (Gambas con gabardina)

## Ingredientes

- 250 gr de gambas
- 150 gr de harina
- Azafrán
- Cerveza
- Levadura en polvo
- Aceite de oliva
- Sal

## Elaboración

Las gambas, crudas, se enjuagan, se les quita la cabeza y se pelan, pero sin quitarles el último trozo de cola. Se salan ligeramente.

En un recipiente hondo, poner la harina, una cucharadita de levadura, sal y un poquito de azafrán molido, y desleír con cerveza hasta obtener una crema espesa.

Poner a calentar una sartén con abundante aceite. Coger las gambas por la cola y mojarlas completamente en la crema, hasta que queden envueltas de pasta por todos los lados. Con los mismos dedos, y con ayuda de una cuchara, ponerlas inmediatamente a freír, con el aceite muy caliente, y cuidando de que no se peguen entre si.

Servir recién fritas.

# MEJILLONES A LA MARINERA

## Ingredientes

- 1,5 Kg. de mejillones
- 1 cebolla
- 2 dientes de ajo
- Perejil
- Pan rallado
- 1 guindilla
- Vino blanco
- Aceite de oliva
- Sal

## Elaboración

Raspar las conchas de los mejillones con un cuchillo, y quitarles las barbas. Desechar los rotos y los que, estando abiertos, no se cierren tras darles un golpe. Aclararlos en abundante agua fría.

En una cazuela, con aceite caliente, rehogar la cebolla picada y, cuando comience a dorarse, añadir una cucharada de pan rallado y una guindilla. Agregar también dos dientes de ajo y unas ramas de perejil machacados en el mortero y desleídos en un vaso de vino blanco. Sazonar con poca sal y, cuando rompa a hervir, echar los mejillones. Dejar cocer tapados durante diez minutos.

Servir calientes.

# MEJILLONES A LA VINAGRETA

## Ingredientes

- 1,5 Kg. de mejillones
- 1 cebolla
- 1 lata de pimiento morrón
- Perejil
- 1 huevo cocido
- Vinagre
- Aceite de oliva
- Sal

## Elaboración

Raspar con un cuchillo las conchas de los mejillones y quitarles las barbas. Aclararlos bien en agua fría, desechando los que estén rotos y los que, estando abiertos, no se cierren tras darles un golpe.

Poner en una cacerola un vaso de agua, sin sal. Cuando hierva intensamente echar los mejillones y tapar la cacerola. Una vez estén todos abiertos retirar del fuego. Sacarlos del agua y dejarlos enfriar.

Quitar a cada mejillón la parte de la concha vacía, dejando la otra media concha con su mejillón. Ponerlos sobre una fuente.

Preparar una vinagreta: en un recipiente hondo poner un vaso de aceite, vinagre y un poco de sal. Batir hasta obtener una mezcla cremosa. Agregar la cebolla, el pimiento, el perejil y el huevo cocido (todo picado muy menudo) y remover bien. Rectificar de sal y vinagre si fuera necesario.

Repartir una cucharada de vinagreta sobre cada mejillón.

Servir frío.

# MEJILLONES RELLENOS

## Ingredientes

- 1,5 Kg. de mejillones
- 150 gr de jamón serrano
- Cebolla
- Mantequilla
- Harina
- Leche
- 1 huevo
- Pan rallado
- Aceite de oliva
- Sal

## Elaboración

Limpiar los mejillones, raspando la concha con un cuchillo y quitando las barbas. Lavar bien en agua fría. Desechar los que estén rotos y los que, estando abiertos, no se cierren tras darles un golpe.

Poner en un recipiente un vaso de agua, sin sal. Cuando hierva intensamente echar los mejillones y tapar el recipiente. Dejar hervir hasta que estén todos los mejillones abiertos. Sacarlos del agua y dejar enfriar.

Quitar toda la concha a los mejillones, reservando media concha de cada uno. Picar los mejillones en tres o cuatro trozos.

En una sartén, con un poco de aceite, rehogar media cebolla picada y, cuando comience a dorar, agregar el jamón picado en taquitos y los mejillones troceados. Reservar.

En un cazo derretir la mantequilla y añadir la harina, dando vueltas con una cuchara de madera, y echar poco a poco la leche. Salar y cocer, durante diez minutos, sin dejar de remover. Agregar entonces el sofrito. Rellenar con esta bechamel las conchas de mejillón y dejar enfriar. Una vez frías, rebozarlas en huevo batido y después en pan rallado. Freír en abundante aceite caliente.

Servir calientes.

# PASTEL DE MEJILLONES

## Ingredientes

- 2 Kg. de mejillones
- ½ pimiento verde
- ½ pimiento rojo
- 1 cebolla
- 4 huevos
- Nata líquida
- Mantequilla
- Aceite de oliva
- Sal

## Elaboración

Raspar los mejillones con un cuchillo. Aclararlos en agua fría. Cocerlos en un recipiente, con un poco de agua, hasta que se abran. Sacarlos de las conchas y reservarlos.

En una sartén, con aceite no muy caliente, rehogar la cebolla y los pimientos, ambos picados muy finos. Cuando estén casi hechos, añadir los mejillones troceados y rehogar un minuto. Pasarlo todo a un recipiente hondo y añadir los huevos, una taza de nata líquida y una pizca de sal. Triturarlo todo con la batidora y verter sobre un molde de horno, previamente untado con mantequilla.

Introducir en el horno al "Baño María", a temperatura media, durante 40 minutos, aproximadamente, hasta que cuaje.

Dejar enfriar antes de desmoldar.

# PASTEL DE PESCADO

## Ingredientes

- 1 Kg. de pescado blanco
- 200 gr de langostinos o gambas
- 1 puerro
- 1 zanahoria
- Cebolla
- Perejil
- Nata líquida
- 150 gr de salsa de tomate
- 5 huevos
- Mantequilla
- Pimienta
- Sal

## Elaboración

Cocer el pescado junto con el puerro, la zanahoria, un trozo de cebolla, perejil y sal, durante 15 minutos.

Cocer los langostinos o gambas, durante 1 o 2 minutos, en agua hirviendo con sal. Sacarlos y dejarlos enfriar en otro recipiente con agua fría y seguidamente pelarlos y quitarles la cabeza.

Desmenuzar el pescado, quitando con cuidado las espinas y las pieles, desechando las verduras.

En un recipiente, mezclar un vaso de nata líquida con la salsa de tomate, los huevos y el marisco y, tras salpimentar, triturar con la batidora. Añadir el pescado muy desmenuzado, mezclándolo muy bien y verter todo ello sobre un molde untado con mantequilla. Tapar con papel de aluminio e introducir en el horno al "Baño María", a temperatura media, durante 45 minutos.

Dejar enfriar antes de desmoldar.

Servir frío, acompañado de pan tostado y mayonesa.

# PATÉ DE SALMÓN

## Ingredientes

- 4 rodajas de salmón
- 200 gr de gambas
- 8 mejillones
- Nata líquida
- 150 gr de salsa de tomate
- 5 huevos
- Mantequilla
- Pimienta
- Sal

## Elaboración

Poner a la plancha el salmón, sazonado, sin que se llegue a hacer del todo. Eliminar las espinas y la piel. Hacer también a la plancha las gambas y, a continuación, quitarles las cabezas y los caparazones.

Aparte, cocer al vapor los mejillones, hasta que se abran.

Mezclar los huevos, un vaso de nata líquida, la salsa de tomate, los mejillones, y las gambas. Salpimentar y triturar con la batidora. Añadir el salmón muy desmenuzado ligándolo todo bien.

Untar un molde con mantequilla y verter en él la mezcla. Tapar con papel de aluminio y meter en el horno al "Baño María", a temperatura media durante 45 minutos. Comprobar pinchando con una aguja que está cuajado.

Dejar enfriar antes de desmoldar.

Servir frío, con mayonesa, lechuga picada y pan tostado.

# PINCHOS DE MAR REBOZADOS

## Ingredientes

- 15 gambas medianas
- 15 mejillones
- 1 huevo
- Harina
- Pan rallado
- Aceite de oliva
- Pimienta negra
- Sal

## Elaboración

Lavar los mejillones en abundante agua, raspando la concha.

En una cazuela, con una taza de agua, sin sal, cocer los mejillones hasta que se abran; cuando se hayan enfriado, sacar de sus conchas y reservar.

Las gambas, crudas, se enjuagan, se pelan, se les quita la cabeza y se salan ligeramente.

Con palillos, formar los pinchos, alternando gambas y mejillones, ponerles muy poca sal y muy poca pimienta molida. Seguidamente pasarlos por harina, luego por huevo batido, y por último por pan rallado.

Freír los pinchos en una sartén con abundante aceite caliente, hasta que se doren de forma homogénea; sacar y dejar escurrir sobre papel de cocina.

Servir caliente.

Puede acompañarse con salsa tártara.

# PULPO A FEIRA

## Ingredientes

- 1 pulpo
- 1 hoja de laurel
- Pimentón
  dulce y/o picante
- Aceite de oliva
- Sal

## Elaboración

Para limpiar el pulpo hay que frotarlo bien en agua fría. Con el mazo del mortero, golpear las ventosas para que suelte mejor la arena que pueda tener. Volver a frotarlo en agua hasta que esté completamente limpio.

Para conseguir que la carne esté más tierna es aconsejable meter el pulpo, bien seco, en el congelador durante dos o tres días. Pasado ese tiempo sacarlo para descongelar.

En una olla, con agua hirviendo y una hoja de laurel, cocer el pulpo, ya descongelado, hasta comprobar con un tenedor que está tierno. El tiempo de cocción dependerá del tamaño del pulpo. Una vez cocido, sacarlo del agua y dejar enfriar.

Trocear el pulpo con unas tijeras y condimentarlo con sal, pimentón dulce y/o picante (al gusto de los comensales), y regarlo con aceite de oliva.

Este plato puede acompañarse con patatas cocidas.

Servir, a ser posible, en una tabla de madera.

# PULPO A LA CAZUELA

## Ingredientes

- 1 pulpo grande
- 1 pimiento
- 2 tomates
- 1 cebolla
- 3 dientes de ajo
- 400 gr de patatas
- Perejil
- Laurel
- Aceite de oliva
- Sal
- Pimienta

## Elaboración

Lavar muy bien el pulpo, frotándolo en abundante agua y cuidando que no tenga arena, especialmente en las ventosas. Para que su carne sea más tierna, congelarlo durante dos o tres días.

En una olla, con agua hirviendo y una hoja de laurel, cocer el pulpo, ya descongelado, hasta que esté tierno. Para comprobar que está en su punto, basta pincharlo con un tenedor y ver que éste penetra con facilidad.

Sacarlo del agua y dejarlo enfriar. Reservarlo.

En una cazuela de barro, con aceite caliente, preparar un sofrito con la cebolla y el pimiento, ambos muy picados, cuando estén tiernos, agregar los tomates picados y los ajos machacados en el mortero junto con unas ramas de perejil. Salpimentar. Añadir el pulpo cocido y troceado, y dejar hervir durante diez minutos, removiendo de vez en cuando.

Mientras tanto, pelar y lavar las patatas. Cortarlas en daditos y freírlas en una sartén con aceite caliente. Agregarlas al pulpo en el último momento, ya que podrían espesar la salsa.

Servir en la misma cazuela de barro.

# PULPO A LA VINAGRETA

## Ingredientes

- 1 pulpo
- 1 hoja de laurel
- 1 cebolla
- Perejil
- 2 huevos cocidos
- 1 lata de pimiento morrón
- Vinagre
- Aceite de oliva
- Sal

## Elaboración

Lavar muy bien el pulpo frotándolo en abundante agua fría, cuidando que no le quede arena en las ventosas. Para que su carne resulte más tierna hay que congelarlo durante dos o tres días.

En una olla, con agua hirviendo y una hoja de laurel, meter el pulpo, ya descongelado, y dejar cocer hasta comprobar, con un pincho, que está tierno. El tiempo de cocción varía, dependiendo del tamaño del pulpo. Sacarlo del agua y dejarlo enfriar.

Mientras tanto, preparar la vinagreta de la siguiente manera: en un recipiente hondo, mezclar doce cucharadas de aceite, cuatro de vinagre y un poco de sal. Batir hasta obtener una mezcla lechosa. Aparte picar muy menudo una cebolla pequeña, unas ramas de perejil, el pimiento morrón y los huevos cocidos; mezclar estos ingredientes con el batido de aceite y vinagre. Rectificar de sal y vinagre si fuera necesario (teniendo en cuenta que las cantidades de los ingredientes dependerá del gusto de los comensales).

Servir el pulpo troceado y cubierto con la salsa vinagreta.

# REVUELTO DE ORICIOS (Erizos de Mar)

## Ingredientes

- 2 docenas de erizos de mar
- 6 huevos
- Nata líquida
- Aceite de oliva
- Sal

## Elaboración

Sumergir los erizos en agua hirviendo durante medio minuto. Sacarlos y dejar enfriar. Con ayuda de una cucharilla, abrirlos tirando desde el centro hacia fuera. Extraer los corales o huevas de color anaranjado y desechar el resto.

Batir ligeramente los huevos, poner algo de sal y añadir media taza de nata líquida. Incorporar las huevas de los erizos, con cuidado de no deshacerlas, y mezclar bien.

En una sartén, con un poco de aceite, no muy caliente, verter el preparado y remover hasta que éste quede casi cuajado.

Servir espolvoreado con perejil picado.

# ROLLITOS DE SALMÓN

## Ingredientes

- 100 gr de salmón ahumado
- 8 palitos de sucedáneo de cangrejo
- 15 gambas
- Cebolla
- 1 huevo cocido
- 1 huevo
- Limón
- Pan de molde
- Aceite de oliva
- Sal

## Elaboración

Cocer las gambas, durante 1 o 2 minutos, en agua hirviendo con sal. Sacarlas y dejarlas enfriar en otro recipiente con agua fría y seguidamente pelarlas y quitarles la cabeza.

Preparar esta mayonesa: poner en el vaso de la batidora un huevo, el zumo de un limón y sal, comenzar a batir y agregar aceite poco a poco hasta obtener la mayonesa.

En un bol, picar las gambas, los palitos de cangrejo, el huevo cocido y media cebolla. Ligar los ingredientes con abundante mayonesa.

Extender las lonchas de salmón ahumado y sobre ellas poner 2 o 3 cucharaditas del preparado. Envolverlo en forma de rollitos y colocarlos sobre las rebanadas de pan de molde, ligeramente tostadas.

# SALPICÓN DE MARISCO

## Ingredientes

- 500 gr de merluza
- 500 gr de rape
- 500 gr de cigalas
- 500 gr de gambas
- 200 gr de langostinos
- Cebolla
- Perejil
- Vinagre
- Pimiento morrón
- 2 huevos cocidos
- Aceite de oliva
- Sal

## Elaboración

En un recipiente con agua fría y sal, introducir los pescados junto con un trozo de cebolla y una rama de perejil; poner el recipiente a cocer durante diez o quince minutos. Una vez cocidos, escurrirlos y dejar enfriar.

Cocer los mariscos en agua hirviendo con sal (uno o dos minutos las gambas y dos o tres minutos las cigalas y los langostinos). Ya cocidos, enfriar con agua muy fría y pelarlos.

Picar las gambas y las cigalas en trocitos pequeños. Los langostinos se reservan. Desmenuzar el pescado, escogiendo la carne y desechando las espinas y la piel.

Mezclar el pescado con el marisco picado y cubrir con salsa vinagreta.

Para hacer la salsa vinagreta: en un recipiente hondo poner un vaso de aceite, vinagre y una pizca de sal. Batir hasta obtener una mezcla cremosa. Agregar la cebolla, el pimiento y los huevos cocidos (picado muy menudo) y remover bien. Rectificar de sal y vinagre si fuera necesario.

Servir en una fuente, o plato individual y adornar con los langostinos.

# SARDINAS AL HORNO

## Ingredientes

- 2 docenas de sardinas (medianas)
- 1 pimiento verde
- 1 cebolla
- 2 dientes de ajo
- Perejil
- Pan rallado
- Aceite de oliva
- Vinagre
- Sal

## Elaboración

En primer lugar limpiar las sardinas, pasando el dedo índice por la tripa y sacando las entrañas. Abrir la sardina, tirar de la cabeza hasta separar la espina central de la carne del pescado. La sardina quedará totalmente abierta en filetes. Lavarlas en agua fría y secarlas con un paño. Sazonar con sal.

En una sartén, con un poco de aceite, sofreír la cebolla y el pimiento picados en tiras y los ajos cortados en láminas. Cuando las verduras estén hechas, cubrir el fondo de una fuente de horno con ellas y colocar los filetes encima, con la piel hacia arriba. Espolvorear con perejil picado y pan rallado y rociarlas con un chorrito de aceite y otro de vinagre.

Meter en el horno caliente, unos cinco minutos, hasta que estén hechas.

Servir calientes.

# SARDINAS EN ESCABECHE

## Ingredientes

- 500 gr de sardinas (medianas)
- 2 dientes de ajo
- Vinagre
- Harina
- Perejil
- Laurel
- Pimentón
- Pimienta
- Aceite de oliva
- Sal

## Elaboración

Limpiar las sardinas quitándoles la cabeza y extrayendo las tripas. Sazonarlas ligeramente y rebozarlas en harina. En una sartén, con aceite caliente, freirlas hasta que se doren, sacarlas y colocarlas en una fuente.

En una sartén, con el mismo aceite de freír las sardinas, previamente colado, freír los ajos, el perejil y el laurel. Una vez dorados retirar del fuego y añadir la pimienta, una cucharadita de pimentón y un vasito de vinagre. Cocer durante tres minutos y cubrir las sardinas con esta salsa.

Dejar reposar y servir frías.

Pueden conservarse varios días en el frigorífico.

# VIEIRAS GRATINADAS

## Ingredientes

- 10 vieiras
- Leche
- Mantequilla
- Harina
- Pan rallado
- Perejil
- Sal

## Elaboración

Lavar las vieiras y dejarlas unas horas en agua salada, para que suelten la arenilla que puedan tener.

Introducirlas en un recipiente con un poco de agua hirviendo, hasta que se abran.

Sacar los moluscos de las conchas y reservar, quitándoles previamente un borde negruzco que rodea la carne y las huevas. Reservar también las valvas vacías más hondas y asimismo el caldo de cocerlas.

Por otro lado, preparar esta bechamel: en un cazo, derretir una cucharada de mantequilla y 3 de harina, y, sin dejar de dar vueltas con una cuchara de madera, echar primero medio vaso de caldo de la cocción y, a continuación, añadir leche poco a poco, hasta conseguir una salsa poco espesa. Rectificar de sal, si es necesario, incorporar las vieiras a la bechamel y dejar cocer unos 2 o 3 minutos.

Las conchas reservadas, untarlas con mantequilla y rellenarlas con las vieiras y la bechamel. Espolvorear con pan rallado y perejil picado e introducir en el horno para gratinar hasta que queden doradas.

Servir recién hechas.

# BARQUITO DE BERENJENAS CON CARNE

## Ingredientes

- 2 berenjenas medianas
- 200 gr de carne de ternera, picada
- 1 pimiento rojo
- 1 cebolla
- 3 dientes de ajo
- 3 tomates
- 100 gr de champiñones
- Queso rallado
- Tomillo
- Aceite de oliva
- Sal

## Elaboración

Lavar las berenjenas y partirlas a lo largo por la mitad. Con ayuda de un cuchillo vaciarlas, cuidando de no romper la piel pero intentando dejar las paredes lo más finas posible.

En una sartén, con aceite caliente, rehogar el pimiento rojo, la cebolla, y los ajos, todo ello picado. Añadir a continuación la pulpa de la berenjena troceada, los tomates pelados y picados, y los champiñones en láminas. Sazonar y dejar cocer durante 10 minutos, removiendo de vez en cuando.

En otra sartén, con otro poco de aceite, rehogar la carne picada sazonada con sal y tomillo. Cuando esté hecha mezclar con las verduras. Rellenar con este preparado las berenjenas y cubrirlas con queso rallado.

Introducir en el horno las berenjenas, colocadas en una besuguera. Gratinar durante 5 minutos hasta que estén doradas.

Servir calientes.

# CARACOLES EN SALSA DE ALMENDRAS

## Ingredientes

- 600 gr de caracoles
- 100 gr de jamón serrano
- 250 gr de tocino
- 100 gr de almendras molidas
- 1 pimiento choricero
- 2 tomates
- 1 cebolla
- 1 diente de ajo
- Perejil
- Laurel
- Vino blanco
- Guindilla
- Aceite de oliva
- Sal

## Elaboración

Limpiar muy bien los caracoles con abundante agua fría. Después dejarlos en remojo, con agua, sal y vinagre, durante 2 horas. Aclarar varias veces más antes de ponerlos a cocer 10 minutos. Transcurrido este tiempo enjuagar varias veces hasta que desaparezca el olor del vinagre.

Ponerlos a cocer en agua durante 10 minutos; sacarlos, escurrirlos y refrescarlos con agua fría.

Poner a hervir agua con sal en una cacerola y echar los caracoles junto con unos trozos de cebolla, un diente de ajo, perejil y una hoja de laurel, dejándolo cocer durante hora y media. Sacarlos escurridos a una cazuela de barro.

Por otro lado, en una sartén con aceite, pochar la cebolla picada. Cuando comience a dorarse añadir los tomates pelados y troceados y la carne del pimiento choricero, previamente puesto a remojo.

En otra sartén, con poco aceite, rehogar el tocino y el jamón, picados en taquitos, y pasarlos a la salsa de tomate. Añadir las almendras, medio vaso de vino y una guindilla y, cuando rompa a hervir, verter sobre los caracoles.

Dejar cocer todo durante media hora más. Añadir agua si fuese necesario.

Servir calientes, en la misma cazuela, con su salsa.

# CREPES DE JAMÓN Y QUESO

## Ingredientes

- Leche
- Levadura en polvo
- 4 huevos
- Harina
- Cebolla
- 150 gr de setas
- 200 gr de jamón cocido
- 200 gr de queso de nata
- Queso rallado
- Pimienta
- Aceite de oliva
- Sal

## Elaboración

En un cazo, con medio litro de leche tibia, una pizca de sal y media cucharadita de levadura en polvo, diluir la harina hasta obtener una crema ligera pero con consistencia y sin grumos. Añadir a la crema los huevos batidos y mezclarlos bien. Dejar reposar al menos media hora.

En una sartén pequeña, con un chorrito de aceite, cuando esté caliente, verter una cantidad pequeña de crema, que cubra tan solo el fondo, de forma que resulten unas tortitas muy finas. Dorar por ambas caras, sacar y reservar.

En una sartén con poco aceite, rehogar media cebolla finamente picada y, cuando esté transparente, añadir las setas limpias y troceadas. Sazonar con sal y pimienta y dejar hacer hasta que se consuma su jugo.

En otra sartén, con poco de aceite, saltear el jamón cocido cortado en taquitos. Mezclarlo con las setas y, con el fuego apagado, echar queso de nata rallado, que con el calor quedará fundido como una crema.

Extender sobre cada crepe un poco de relleno, enrollarlos y colocarlos en una fuente de horno. Espolvorear con queso rallado y templarlos en el horno, a temperatura media-baja, hasta que el queso se funda.

Servir recién hechos.

# CROQUETAS DE JAMÓN

## Ingredientes

- Harina
- Leche
- Nuez moscada
- Mantequilla
- 100 gr de jamón serrano
- Pan rallado
- 1 huevo
- Aceite de oliva
- Sal

## Elaboración

En una cazuela derretir dos cucharadas de mantequilla y en ella rehogar cinco cucharadas de harina. Cuando esté dorada añadir la leche, poco a poco, y dar vueltas constantemente con una cuchara de madera, procurando que no se formen grumos. Dejar cocer lentamente, añadiendo leche de vez en cuando. Salar y echar una pizca de nuez moscada. Agregar también el jamón cortado en taquitos y previamente rehogado en una sartén con un chorrito de aceite. Seguir removiendo hasta que la pasta esté cocida.

Verter sobre una fuente y dejar enfriar varias horas. Una vez fría, coger un trozo de pasta y con las manos darle forma redondeada u ovalada. Rebozarlas en pan rallado, después pasarlas por huevo batido y de nuevo por pan rallado.

Freír en una sartén con abundante aceite caliente.

Servir calientes, preferentemente.

# EMPANADILLAS ASTURIANAS

## Ingredientes

- 100 gr de jamón serrano
- 100 gr de chorizo
- 1 huevo cocido
- Cebolla
- Salsa de tomate
- Vino blanco
- Aceite de oliva
- Harina
- Sal

## Elaboración

Mezclar medio vaso de vino blanco y medio vaso de aceite, ya frío, (en el cual se haya frito previamente unas tiras de cáscara de limón), sazonar y batir hasta que el líquido quede lechoso. Entonces agregar poco a poco harina, removiendo al principio con una cuchara de madera y después amasando ligeramente, hasta que la masa no se pegue a las manos. Dejar reposar en sitio fresco durante 2 horas.

Mientras tanto preparar este relleno: freír en una sartén, con muy poco aceite, media cebolla picada. Cuando esté ligeramente dorada, añadir 2 o 3 cucharadas de salsa de tomate. Incorporar el jamón, cortado en taquitos, rehogarlo ligeramente y apartar del fuego.

Posteriormente, antes de hacer las empanadillas, añadir al relleno el chorizo y el huevo cocido, todo ello picado.

Pasadas las 2 horas de reposo, extender la masa con el rodillo de cocina sobre una meseta espolvoreada con harina, de forma que la masa quede bastante delgada. Con el borde de un vaso hacer cortes en la masa con forma de círculo. Poner un poco de relleno en cada círculo y doblar sobre sí mismo formando una media luna. Unir los bordes aplastándolos con un tenedor, para que no salga el relleno. Freírlas en aceite caliente hasta que queden doradas.

# ENSALADILLA DE AGUACATE

## Elaboración

### Ingredientes

- 3 patatas
- 4 huevos
- 1 aguacate
- 1 manzana
- 1 kiwi
- 100 gr de jamón cocido
- 100 gr de queso de nata
- Mayonesa
- Sal

Lavar las patatas y ponerlas a cocer en un cazo con abundante agua y sal, hasta que se puedan atravesar fácilmente con una aguja. Cocer también 3 huevos durante 12 minutos.

Sacar las patatas y los huevos, dejar enfriar para después pelarlos.

Mientras tanto, preparar esta mayonesa: en un vaso de batidora, poner un huevo, el zumo de un limón y un chorrito de agua. Comenzar a batir y, al mismo tiempo, añadir aceite poco a poco hasta obtener la mayonesa. Sazonar con sal.

En una fuente, picar en cuadraditos pequeños las patatas, 2 huevos, la manzana, el kiwi, el jamón cocido, el queso y el aguacate. Mezclar todos los ingredientes con la mayonesa.

Servir espolvoreada con huevo cocido rallado.

# HOJALDRES DE CIRUELAS Y BACON

## Ingredientes

- 200 gr de pasta de hojaldre fresca o congelada
- 12 ciruelas pasas sin hueso
- 6 lonchas de bacon
- 1 huevo

## Elaboración

Extender la pasta de hojaldre y dividirla en rectángulos de unos 8 cm de largo y de unos 4 cm. de ancho. Dividir también el bacon en rectángulos un poco más pequeños.

Envolver cada ciruela con la tirita de bacon y, a su vez, éste en la de pasta de hojaldre. Mojar el borde de la pasta con un poco de agua y pegarlo, con el dedo, sobre sí misma, formando un cilindro.

Poner los rollitos sobre una placa de horno, untarlos por arriba con huevo batido e introducirlos en el horno, precalentado a temperatura media-alta, hasta que la pasta esté cocida.

# PINCHOS DE ANCHOAS

## Ingredientes

- 2 latas de anchoas en aceite
- 10 gambas
- 1 pimiento verde
- 1 pimiento rojo
- 1 cebolla
- Aceite de oliva
- Sal

## Elaboración

Freír, con el aceite a fuego lento, los pimientos verdes y rojos, cortados en cuartos, y pochar la cebolla cortada en medios aros.

Cocer las gambas, en agua hirviendo con sal, durante uno o dos minutos. Sacarlas y pasarlas a un recipiente con agua fría, cuando se hayan enfriado quitarles la cabeza y pelarlas.

Sobre una rebanada de pan tostado se coloca en primer lugar un trozo de pimiento verde, previamente pelado, encima de él poner dos anchoas, dejando un espacio entre ambas, en donde se coloca la cebolla pochada. El pimiento rojo, cortado en tiras estrechas, ponerlo transversalmente a las anchoas. Coronar el pincho con una o dos gambas cocidas.

# PUDIN DE BONITO

## Ingredientes

- 500 gr de patatas
- 2 latas de bonito en aceite
- Salsa de tomate
- 1 cebolla mediana
- Aceite de oliva
- Sal

## Elaboración

Lavar las patatas y ponerlas a cocer, con piel, en abundante agua con sal.

Mientras tanto, en una sartén, con aceite caliente, freír la cebolla picada. Cuando esté dorada añadir cuatro cucharadas de salsa de tomate y dejar reducir para que la salsa esté más concentrada.

Pelar las patatas y triturarlas con la batidora junto con el bonito (escurrido de aceite), la cebolla y el tomate, hasta que esté todo bien mezclado.

Verter en un molde, previamente untado con aceite, e introducirlo en la nevera durante seis horas.

Servir frío, con mayonesa.

# QUICHE DE JAMÓN Y QUESO

## Ingredientes

- Hojaldre fresco
  o congelado
- 150 gr de jamón cocido
- 100 gr de queso de nata
- 4 huevos
- Nata líquida
- Queso rallado
- Mantequilla
- Sal

## Elaboración

Forrar con el hojaldre un molde de horno, previamente untado con mantequilla.

A continuación colocar sobre el hojaldre una capa de lonchas de jamón cocido, después otra de lonchas de queso y, sobre ésta, de nuevo otra de jamón. Finalmente cubrir con queso rallado.

Aparte, en un recipiente, batir dos huevos enteros y dos yemas, junto con media taza de nata líquida y un poco de sal. Verter el preparado de huevos sobre el molde e introducirlos en el horno, a temperatura media-alta durante 30 minutos hasta que el huevo esté cuajado.

Retirar del horno, desmoldarlo y servir templado.

# REVUELTO DE AJETES CON GAMBAS

## Ingredientes

- 300 gr de gambas
- 300 gr de ajetes
- 5 huevos
- Perejil
- Pimienta
- Nata líquida
- Aceite de oliva
- Sal

## Elaboración

Las gambas, crudas, de enjuagan, se pelan, se les quita la cabeza y se salan ligeramente.

Por otro lado, limpiar y picar los ajetes.

En una sartén, con un poco de aceite, rehogar a fuego lento los ajetes. Cuando estén casi hechos, añadir las gambas peladas crudas y saltear durante 2 minutos. Sazonar y espolvorear con pimienta y perejil picado.

Batir los huevos y mezclar éstos con 2 cucharadas de nata líquida. Sazonar y verter sobre los ajetes y gambas. Remover hasta que comiencen a cuajar los huevos.

Servir calientes, con pan tostado.

# ROLLITOS DE REPOLLO

## Ingredientes

- 10 hojas de repollo
- 500 gr de carne de ternera (picada)
- 1 cebolla
- 2 zanahorias
- 1 pimiento
- 3 dientes de ajo
- Perejil
- Vino blanco
- Caldo de carne
- Salsa de tomate
- 2 huevos
- Harina
- Aceite de oliva
- Sal

## Elaboración

Escoger las hojas más blancas del repollo, introducirlas en agua hirviendo, durante un minuto. Sacarlas y dejar enfriar.

En una sartén con aceite rehogar media cebolla, la zanahoria, el pimiento, y el ajo, todo ello muy picado. A continuación incorporar la carne y dar vueltas hasta que se haga por completo. Verter un chorro de vino blanco y dos cucharadas de salsa de tomate y dejar cocer durante tres minutos. Sazonar. Retirar del fuego y añadir un huevo batido mezclando bien para ligar todo.

Extender una hoja de repollo y verter sobre ella una cucharada de carne. Formar rollitos envolviendolos como pequeños paquetes (puede cerrarse también con un palillo). Rebozar en harina y huevo batido y freír con aceite caliente. Una vez fritos, colocar en una cazuela y reservar.

Para la salsa: freír la otra media cebolla, una zanahoria, el ajo y el perejil, todo ello picado. Cuando comiencen a dorar echar medio vaso de vino blanco y medio de caldo. Hervir un minuto y verter sobre los rollitos. Rectificar de sal. Dejar cocer durante veinte minutos a fuego lento.

Servir calientes con su salsa, que se puede pasar por pasapurés.

# ROLLO DE ENSALADILLA

## Ingredientes

- 400 gr de patatas
- 150 gr de zanahorias
- 4 huevos
- 1 lata de atún
- 1 lata de guisantes
- 8 gambas
- 4 lonchas de jamón cocido
- 4 rebanadas de pan de molde
- Mayonesa
- Sal

## Elaboración

Cocer, por separado, los huevos, las patatas con piel y las zanahorias, en abundante agua con sal. Los huevos necesitan 12 minutos de cocción. Las patatas y las zanahorias estarán cocidas cuando se puedan atravesar fácilmente con una aguja. Escurrir el agua y dejar enfriar. Una vez frías, quitarles la piel a las patatas y zanahorias y la cáscara a los huevos.

En una fuente, picar muy menudo las patatas, las zanahorias y los huevos y añadir el atún desmenuzado, 1 lata de guisantes bien escurridos y abundante mayonesa. Remover bien para que queden todos los ingredientes perfectamente mezclados.

Cocer las gambas, durante 1 o 2 minutos, en agua hirviendo con sal. Sacarlas y dejarlas enfriar en otro recipiente con agua fría y seguidamente pelarlas y quitarles la cabeza.

Enrollar, en media loncha de jamón cocido, 1 o 2 cucharadas de la ensaladilla. Colocar el rollito encima de media rebanada de pan de molde.

Servir los rollitos adornados con mayonesa, una gamba cocida y huevo cocido rallado.

# SALMOREJO

## Ingredientes

- 1 Kg. de tomates, bien maduros
- 1 Kg. de pan, de miga dura
- 2 dientes de ajo
- Aceite de oliva
- Vinagre
- Sal

Para la guarnición:
- Huevos cocidos
- Jamón serrano

## Elaboración

Pelar y cortar los tomates. Cortar el pan en trozos medianos (queda mejor utilizando el pan de días anteriores). Pelar los ajos y cortarlos en 2 o 3 trozos.

Poner todo esto en un recipiente grande y empezar a triturar con un brazo batidor. Cuando empiecen a mezclarse los ingredientes, añadir un vaso de aceite poco a poco (en 3 o 4 veces), sin dejar de batir.

Cuando esté todo mezclado, añadir 3 o 4 cucharadas de vinagre y sal, al gusto, seguir batiendo hasta formar una crema espesa.

Rectificar de aceite, vinagre y sal, si es necesario.

Ya terminado, poner en el frigorífico para servirlo fresco, aunque no demasiado frío.

Servir con guarnición de huevo cocido y jamón.

# TARTALETAS DE CENTOLLO Y GAMBAS

## Ingredientes

- 1 centollo
- 300 gr de gambas
- 1 cogollo de lechuga
- Cebolla
- 1 huevo cocido
- Tartaletas de hojaldre
- Sal

Para la mayonesa:
- 2 huevos
- Vinagre o limón
- Aceite de oliva
- Sal

## Elaboración

Meter el centollo vivo en una cacerola con agua fría y un puñado de sal. Cocer durante 20 minutos, contados desde que empieza a hervir.

Cocer las gambas, durante 1 o 2 minutos, en agua hirviendo con sal. Sacarlas y dejarlas enfriar en otro recipiente con agua fría y seguidamente pelarlas y quitarles la cabeza.

Abrir el centollo, extraer la carne del cuerpo y de las patas, con cuidado para que no tenga pedacitos del cascarón.

Preparar esta salsa mayonesa: en el vaso de la batidora poner un huevo, el zumo de medio limón o vinagre y una pizca de sal. Comenzar a echar el aceite y batir con la batidora, con movimientos ascendentes y descendentes, hasta obtener la consistencia deseada.

En un bol, mezclar con mayonesa la carne del centollo desmenuzada, las gambas picadas, el huevo cocido, media cebolla y el cogollo de lechuga, todo ello muy picado.

Servir sobre tartaletas de hojaldre.

# TARTALETAS DE PUERROS Y BACON

## Ingredientes

- 3 puerros
- Cebolla
- 150 gr de bacon
- 4 huevos
- Tartaletas de hojaldre
- Aceite de oliva
- Sal

## Elaboración

Aclarar y limpiar bien los puerros, cuidando que no queden arenillas entre las hojas. Picar finamente en juliana los puerros y media cebolla. Trocear el bacon en taquitos.

En una sartén, con muy poco aceite, saltear el bacon durante un minuto, y reservarlo en un plato.

En el mismo aceite, pochar a fuego muy lento los puerros y la cebolla, hasta que queden totalmente hechos, pero sin dorar.

En un recipiente hondo, batir los huevos como para tortilla, sazonar y echar las verduras y el bacon. Mezclar bien.

Rellenar las tartaletas con este preparado e introducirlas en el horno, para gratinar hasta que cuaje el huevo.

# ÍNDICE

---

## VERDURAS Y SETAS

# HUEVOS

# CARNES Y AVES

# PESCADOS Y MARISCOS

# VARIADAS

© EDARA EDICIONES, S.L.
CÓRDOBA - España

I.S.B.N.: 84-95332-07-8
Depósito Legal: CO. 194-01

Segunda edición, Julio 2001

Impreso en España

*Fotografías*
Estudio de Kike Llamas y Marcos Morilla

*Estilismo*
Natalia Lozano

*Papel*
«CreatorStar» de Torraspapel, S.A.